JN271064

発達をうながす
教育心理学

大人はどうかかわったらいいのか

山岸明子

新曜社

はじめに

教育心理学とはどういう学問か、なぜ学ぶ必要があるのか

　教育心理学とは、教育現象を心理学的に研究する実証科学である。つまり「学ぶとは何か」「教えるとは何か」「どのような働きかけにより発達・学習は起こるのか」というような問題について、心理学的に明らかにする学問である。他の実証科学と同様に、実験や調査から得られたデータに基づいて、実証可能な法則・理論を打ち立てようとしている。またその理論に基づいて、どうしたらよい教育ができるか、合理的な人間形成の方法を明らかにしようとする応用科学の側面ももっている。

　教育問題が社会問題化している今日、教育についての言説は至るところに溢れている。そして差し迫った問題も多いため、短絡的な解決が求められ、それに応じるように、ハウ・ツー式に答えようとする言説も多い。また「現在の子どもは〜が足りない」「〜を育てる必要がある」というように、教育に求められるものがスローガンとして声高に唱えられることも多い。

　それに対して、科学としての教育心理学は、教育現象を断片的・表面的・一面的にとらえて解決策を求めるのではなく、より体系的に、学習や発達がいかに起こるのかについての理論との関連のなかで、実証的・客観的に考えようとする。「思いやりのない子が増えている。思いやりのある子を育てよう」と、印象に基づいて漠然としたスローガンを唱えるのではなく、「思いやり」とは何か、その発達過程はどのようであり、その発達に関連する要因は何か、思いやり行動を引き起こす状況要因は何か等を、データに基づいて明らかにし、思いやりを育てるにはどのような経験を子どもに与えたらいいのかを客観的に考えるのである。

　教育は誰もが長いこと関与してきている問題であり、長い経験のなかで、各自が自分なりの教育観を形成している。その個人的経験からさまざまなことを語ることが可能であり、誰もが「教育」の「評論家」でありうる。しかし各自

の印象に基づく体験論は教育を論じる出発点ではあるが、それを安易に一般化するのは問題である。それは1つの特殊な例にすぎないかもしれないし、思い込みの場合もあるだろう。個人的に得た感触をより客観的なものにする作業が必要なのである。その現象に関する他の見解についても理解し、自分の考えを全体的な理論のなかに位置づけてみて、その上で、もう一度自分の経験を見直し、自分の考えを相対化することによって教育観は深まると思われる。そのために、理論としての教育心理学を学ぶことが意味をもつ。

教育を職業とする者は特に、そのようにして自分がもつ教育観をより客観的で妥当なものに鍛えていく必要がある。一方そのような作業は、教育のプロだけでなく、すべての大人に課せられた課題でもある。なぜなら自分の子どもや後輩、つまり次世代とかかわりをもつ大人は、何らかの意味で教育にかかわっているからである。そして生涯学習の時代である現代においては、次世代とのかかわりだけでなく、大人自身も生涯にわたって学習を続けねばならず、教育作用は常に身のまわりにあるのである。

アメリカの心理学者 E. H. エリクソンは成人期の発達課題は「生殖性（generativity）」にあるとし、そこで培われる活力を「ケア（care; 世話、配慮）」であると指摘した。「生殖性」とは次の世代を育てることであるが、単に子どもを産み育てることだけでなく、お互いに働きかけ合い、相手の発達を促しながら、そのことにより自我の力を身につけていくことである。つまり大人は、広い意味で教育をすることにより、自分自身が発達していくのである。

また教育現象を客観的に考え直すことは、教育作用のなかで生きてきた自分をとらえ直すことでもある。今まで受けてきた長い教育とは何だったのか、教育のなかで自分は何を経験してきたのかをとらえ直すことは、次世代の育成にも、これからも成長を続ける自分にとっても、意味あることと考えられる。

本書の概要

本書では、どのような経験をするなかで、子どもは学習し発達するのかという問題と関連させながら、子どもの望ましい発達を促す教育とはどのようなものか、大人は子どもにどのように働きかけたらよいのかについて、さまざまな心理学上の理論に基づいて考えてみる。特に現代の青少年に必要とされている

「自ら学び考える力」や「自律性」を育成するために、大人はどのように働きかけたらいいのかを、現代の教育の問題と関連させながら考える。

「第Ⅰ部　発達と教育」では、まず、本書のテーマである大人のかかわり方に関する2つの対照的な考え方 ── (1) 大人が子どもを教え導いて、子どもの行動を形成していくという大人主導的なかかわり方と、(2) 子どもの能動性・自主性を重視し、大人は子どもが自ら発達するのを援助するというあり方 ── を取り上げ、その2つの考え方が現代の教育の問題とどう関連しているのか、その概要を示す。その上で、子どもの発達にとって適切な環境を与えること＝教育がいかに重要かを、発達初期に当たり前の環境が与えられなかった事例を通して示し、一方で、その初期経験の効果がその後の経験によって変わりうるのかをめぐって、人間における発達の可塑性＝教育の可能性について論じる。

「第Ⅱ部　発達・学習のとらえ方と教育の方法」では、第1章で述べた子どもの発達・学習に関する2つの異なった考え方、そして認知心理学的な考え方および発達や学習は他者や環境との関係性のなかで起こることを重視する考え方について、理論的背景や人間観・発達観も含めて論じ、そこから導き出される教育の方法と、それらが現代の教育に対してもつ意味を考える。

「第Ⅲ部　道徳性・社会性の発達と教育」では、第Ⅱ部が主として知的領域 ── 教科指導に関する問題 ── を扱ったのに対し、道徳性や社会性に関する発達と教育について考える。大人のかかわり方に関して異なった方法を提唱している理論や考え方を取り上げて論じ、さらに大人は子どもの望ましくない行動にどう対処したらいいのか、子どもの能動性・主体性を尊重しつつ望ましくない行動を変えていくにはどうしたらいいかについて考える。

「第Ⅳ部　自己学習を可能にするもの」では、自ら学ぶことに必要なものとして、内発的動機づけや自己効力感、メタ認知について述べ、またそれらがうまく機能しない子どもにどう対処したらよいかについて、無力感を中心に考えてみる。

教育心理学の本は数多いが、本書の特徴は、(1) 大人がどうかかわったらいいのかという観点を明確に打ち出していること、(2) 理論的な問題や実証的なデータと共に、小説や映画（DVD）を事例として取り上げていることである。教育心理学が明らかにしてきたことが、優れた小説や映画のなかで情緒豊かに描かれていることがしばしばあるので、それらをコラムとして取り上げてみた。

また時に、社会的事件についても取り上げた。理論的・実証的な研究に基づく学習だけでなく、印象的な事例を参照することにより、理解が深まるのではないかと思う。
　本書が教職を目指す人のためのテキストとしてだけでなく、より広く、人間の発達に援助的なかかわりをもとうとする人にも、役にたつことができれば幸いである。

目次

はじめに ———————————————————————————— i
 教育心理学とはどういう学問か、なぜ学ぶ必要があるのか i
 本書の概要 ii

第Ⅰ部　発達と教育

第1章　教育がもつ2つの側面と、現在の教育状況 ———————— 3
 1 教育がもつ2つの側面 3
 2 2つの大人のかかわり方と教育状況の変遷 6
 3 現代社会と主体的・能動的学び 13

第2章　発達における経験の重要性と発達の可塑性 ———————— 19
 1 発達における遺伝と環境 19
 2 初期経験の重要性 22
 3 人間の発達の特殊性 24
 4 発達の可塑性 —— 初期経験の効果の持続性 26

第Ⅱ部　発達・学習のとらえ方と学習の方法

第3章　大人主導の発達・学習・教育観 —— 行動主義の学習・教育観 37
 1 学習成立の理論 —— 条件づけ 37
 2 教育への応用（1）—— プログラム学習 41
 3 教育への応用（2）—— 行動療法 44

第4章　子どもの能動性を重視する発達・学習・教育観
   —— ピアジェの発達・教育観 ———————————————— 51

1	ピアジェの認知発達理論	51
2	ピアジェ理論から導かれる大人・教育の役割	55
3	子どもの能動性を重視する学習法	60
4	行動主義的考え方とピアジェ的考え方の比較、および併用の必要性	68

第5章 子どもの能動性と大人の役割の両者を重視する発達・学習・教育観 —— 認知心理学の立場 —————————— 73

1	知識の構成化の理論	74
2	状況主義・状況的認知理論	80

第Ⅲ部　道徳性・社会性の発達と教育

第6章　大人主導の道徳性発達の考え方 ———————— 91

1	精神分析理論	91
2	社会的学習理論	94
3	日本の道徳教育への示唆	99

第7章　道徳性の認知発達理論 —— 子どもの能動性を重視する立場 —— 105

1	ピアジェの道徳性発達の理論	105
2	コールバーグ理論	111
3	コールバーグ以後の理論と日本の教育への示唆	122

第8章　道徳性・社会性の発達における大人の役割 —— 望ましくない行動への対処 ———————————————————— 131

第Ⅳ部　自己学習を可能にするもの

第9章　内発的動機づけ ——————————————— 151

1	内発的動機づけ	151
2	内発的動機づけに基づく学習	155

第10章	自己効力感、有能感		161
	1 自己効力感、有能感	161	
	2 原因帰属	163	
	3 無力感の獲得	164	
	4 現代青少年の無気力の原因	165	
	5 無力感の克服	177	

第11章	メタ認知		189
	1 自己制御学習	190	
	2 メタ認知	191	
	3 メタ認知の育成	195	

おわりに ——— 199

文献 ——— 203

索引 ——— 209

コラム

1-1	自主性の尊重と集団との軋轢	5
1-2	教育万能主義	16
2-1	SF映画『ガタカ』	20
2-2	野生児	23
2-3	隔離ザルの異常行動からの回復	27
2-4	社会的隔離児の発達遅滞とその回復	29
2-5	被虐待児の回復	30
2-6	刺激が剥奪された環境 —— クレーシュ	32
4-1	安定感と探索	57
4-2	モデリングによる能動的学習	59
4-3	フレネ学校での文字の学習	60
4-4	能動的な学び ——『学校』	61
4-5	ないところに応答的環境を作り出す ——『ライフ・イズ・ビューティフル』	62

4-6	大人の指導の必要性 ──『リトル・ダンサー』	70
4-7	なぜ2人の少年は立ち直ったのか ──『学校Ⅱ』	71
7-1	「好き放題」は楽しいか? ──『いやいやえん』の場合	110
7-2	少年の自治の結末 　──『蠅の王』と『芽むしり　仔撃ち』の場合	112
7-3	『滝山コミューン 1974』	122
7-4	なぜ掃除当番をしなくてはいけないのか?	125
7-5	『小さなテツガクシャたち』── 杉本治くんの例	130
8-1	父親による息子殺害事件	136
10-1	教室が私に未来を与えてくれた	171
10-2	『希望の国のエクソダス』──「希望だけがない」 　日本という国で生きる中学生たち	172
10-3	自己確認型の非行	176
10-4	高村智恵子と高村光太郎の場合	178
10-5	『エイブル able』── 知的障害者の達成	180
10-6	老人と少年の交流 ──『博士の愛した数式』と『夏の庭』	183
10-7	老人ホーム入居者の健康度	184
10-8	『100万回生きたねこ』	185
10-9	ユダヤ人収容所での精神衛生実験	186
10-10	大河内くんの自殺	187
10-11	無条件の受容・肯定に支えられる ──『まゆみのマーチ』	188
11-1	村上春樹の執筆活動維持についてのメタ認知	194
11-2	いじめにどう対処するか ──『セッちゃん』	196

装幀＝加藤俊二

第 I 部
発達と教育

　第 I 部ではまず、人間の発達は何によって起こるのか、それに教育はどの程度かかわることができるのかについて考えてみる。1人では生きられない無力な状態で生まれ、他者からの養護を受けながら行動様式を獲得していく人間の子どもにとって、教育は不可欠のものである。したがって、いつの時代・どこの社会でも、教育は子どもにとっても大人・社会にとっても、大きな課題となる。だが教育によって、子どもをいかようにも育てられるわけではないことも事実である。教育によって子どもの発達・学習を促すことは、どの程度可能なのだろうか。

　第1章では、教育がもつ2つの側面から導かれる2つの大人の役割、発達と教育に関する対照的な2つの考え方についてその概要を述べる。そして、その2つの考え方が現代の教育の問題とどう関連しているのか、それらの観点から現代社会において教育に特に何が求められているのかを概観し、本書の基本的立場を示す。

　第2章では、人間の発達は何によって起こるのか、それに教育はどの程度かかわることができるのかの問題を、「環境や経験の重要性」という問題から考えてみる。何が発達を規定するかは発達心理学・教育心理学の主要なテーマであり、さまざまな研究がなされているが、ここでは発達に寄与する具体的な要因ではなく、発達における環境や経験一般のもつ重要性、特に初期経験の重要性について、当たり前の環境が与えられなかった場合を通して見てみる。そして発達の可塑性が高い動物とされる人間において、初期経験の効果が後の経験によって変わりうるのかどうかを、いくつかの事例に基づいて示してみる。教育によっていかに発達を促進するかは本書全体のテーマであるが、第 II 部以降で具体的な記述に入る前に、教育の可能性について考えてみる。

第1章 教育がもつ2つの側面と、現在の教育状況

　本章では、教育が、子どもの「発達の可能性を実現化する」という側面と、子どもを「社会化する」という2つの側面をもっていて、そこから「子どもの能動性や主体性の重視」と「大人が主導して子どもの行動を形成する」という2つのあり方が導かれること、さらには教育状況の変遷と共にこの2つのあり方の重みが変わってきており、最近の教育改革にもこの問題が内包されていることを述べ、現代の子どもたちに特に必要とされる経験は何か、すなわち現代社会において教育に何が求められているのかを、その2つの観点と関連させて概観する。

1　教育がもつ2つの側面

　「教育」の定義はいろいろあるが、共通していることは、「人間形成の働きかけ」「人間を人間たらしめるもの」「文化・技術を伝え、社会の成員として自立して生きていけるようにする営み」ということである。意図的・組織的な「学校教育」が始まったのは「近代」になってからのことであるが、非意図的・非組織的な教育作用は人類社会のはじめから存在しており、人類社会に普遍的に見られる現象である。
　生得的な力が乏しく無力な状態で生まれ、社会的な行動様式を獲得しないと生きていけない人間の子どもにとって、教育は不可欠のものである。本能的な行動が少ない人間は発達・学習しなければならない運命を担っており、大人が与える環境のなかで大人からの働きかけを受け、援助されながら生きる術を身

につけていくのである。一方、教育は大人・社会にとっても重要な作用である。なぜならば大人は自分の遺伝子を残し社会を存続させるために、次世代を育成して彼らが自立して生きられるようにする必要があるからである。

このように教育は、それを受ける子どもにとっても、働きかける大人にとっても重要なものといえるが、以上の2つの観点は、教育のもつ基本的な2つの側面と関連している。

第1の側面は、教育とは発達の可能性を実現化する、発達を促進させるものという側面である。そもそも教育（education, educate）の語源はラテン語のeducereであり、「引き出す」「潜在するものを実現化する」ことを意味する。子どもがもつ可能性を教育が引き出し、実現化するのである。第2の側面は、「社会化、社会的同化作用」の側面で、教育によって子どもは社会に合う存在、他者や社会と調和的な存在になっていく。自分の欲求のまま生きるのではなく、集団の規範に従い、集団が共有する行動様式を身につけ、また社会が必要とする知識や技術を身につけて社会の成員になり、そして次世代に文化を伝達していくのである。

教育には必ずこの2つの側面があり、それらが統合化されていることが望ましい。教育は子どものもつ可能性を文化に合う方向に実現化していくものであり、さまざまな可能性のなかで社会に合ったものを実現化し、そのことにより社会のなかでより充実して生き生きと生きることを可能にするものである。佐伯胖はその著書『「わかり方」の探究』のなかで、「子どもは発達し『わかる』ことにより『わかっている』社会に参加し、また参加するなかで学び、わかるようになっていく」と述べているが、これは2つの側面が同時に満たされた状態である。

しかし時に、2つの側面がズレてしまうこともある。たとえば本人がもつ可能性の実現化や自主性の発揮が他者や社会と調和的でないこともあるし、過度に社会化を目指すことで過剰適応となり、本人のもつ可能性を抑圧してしまうこともある。たとえば子どもの個性や自主性を尊重することが集団との軋轢を生み、子どもの発達を歪めてしまったり（【コラム1-1】）、幼少期から大人の期待に合わせてきた「よい子」が破綻して不登校になったりすること（「よい子」という生き方の挫折としての不登校）が、しばしば報告されている。そのようなときには、望ましい発達とは何か、教育は何を目指せばよいのかが改めて問

われることになる。

> ### コラム 1-1　自主性の尊重と集団との軋轢
>
> 　重松清の短編小説「まゆみのマーチ」の主人公まゆみは、歌の好きな明るい女の子。一日中楽しそうに歌を歌っている。家族はそれをほほえましく見ている。幼稚園に入るが、幼稚園でもいつも歌を歌っていて、先生にそれとなく苦情を言われるが、両親は楽しそうに歌っているまゆみに注意したりしない。
> 　小学校の入学式で、静粛な雰囲気のなか、まゆみは歌い出してしまう。授業中も歌ってしまい、注意されると「はーい」と素直にやめるが、またすぐに歌い出してしまう。親たちからも苦情が出るようになり、担任はだんだんまゆみへの注意を強めていく。
> 　歌を止めるためにマスクをさせるようになり、歌わなくなるが、口のまわりがかぶれるようになる。そして担任がまゆみの唇の上下を指で合わせるようにしたことをきっかけに、まゆみは口をあけられなくなり、学校にいけなくなってしまう。
> 　両親は、まゆみが歌を歌うことで自分らしさを発揮していると感じていてまゆみを応援しているが（途中から父親は態度を変える）、そのことが集団との軋轢をもたらし、集団の責任者である担任はトラブルを引き起こす行動を変えさせようとする。そしてまゆみは不適応におちいってしまう。
> 　この短編のテーマは、不登校になってしまったまゆみに対する母親の対応のすばらしさであり、それについては第Ⅳ部の【コラム 10-11】で述べるが、ここでは自主性の発揮と集団との軋轢の問題、集団との軋轢が予想されるような自主性をそのまま尊重することの問題として取り上げてみた（集団生活をしていく上で問題になることがわかっている行動は、やはりやらないように、歌っていいときといけないときがあることを教えておくべきだったように思われる）。　　　〔重松清「まゆみのマーチ」『卒業』所収, 新潮社, 2004.〕

2　2つの大人のかかわり方と**教育状況の変遷**

2-1　2つの基本的な大人のかかわり方

　教育がもつ上述の2つの側面は、大人の子どもへの基本的なかかわり方を導き出す。第1の潜在的にもっているものを引き出すとする考え方からは、子どもの能動性や主体性を重視する大人のあり方が、第2の教育＝社会化とする考え方からは、大人が主導して子どもの行動を形成するあり方が導かれる。第1の考え方では子どもは自ら発達する力を潜在的にもち、能動的・主体的に外界とかかわるなかで発達すると考え、その過程がうまくいくように環境を整え、支援・援助するのが大人の役割となる。一方第2の考え方では、大人が一定の目標を立て、それに基づいて子どもの行動を積極的・主導的に形成していくかかわり方、いわゆる「教える」ことが教育であるとされる。

2-2　近代 ── 意図的教育・大人主導の強まり

　近代における学校教育の成立は、上の第2のあり方を意図的・組織的に行おうとしたものと見ることができる。それ以前も、大人が意図的に教えることもあったが、子どもが見よう見まねで働き、生きる術を学ぶことが主だった（子どもは「小さな大人」として大人たちと共に働き、そこで生きる術を学んだ）。それが産業革命と共に、産業社会を支える人材を育てるために、効率よく大人が教えることが必要になってきた。大人は必要な知識や技術を学ばせるために教育体制やカリキュラムを整備し、効果的な教育の方法が探求された（一方家庭や地域社会では、大人が特に指導したり監視したりせず子どもの自由にまかせることも多く、結果的に子どもが自主的に学ぶ部分も多かったと思われる）。
　学校制度が確立されると、意図的な教育、学校教育をより効果的にすることが目指され、そしてそれを受けることにより社会の有能な成員になることができるとする意識がもたれるようになっていった。戦後の民主化は教育を受ける

機会の平等化をもたらし、しっかり学校で学ぶことによってさらに高度な教育を受け、それにより将来のよい生活や社会階層の上昇を手にすることも可能な社会になった。このことが、競ってよい学校に入学し、高い学歴を得ようとする受験戦争をもたらした。また大人主導が強まるなかで、大人が設定した問題に答えるだけ、大人が示す知識を丸暗記するだけの受動的な学習態度が目立つようになり、大人主導のかかわり方の弊害が目立つようになっていった。

2-3 文部科学省の方針とその変化

そのような傾向に対して、文科省は1980年代から、大人が示す知識を学びとるだけでなく、「自ら学び考えること」や「生きる力」を重視するようになり、1989年に学習指導要領を改訂し、新学力観を打ち出した。知識中心から自ら考え主体的に判断する力の重視、学習指導から学習支援、知識・理解の重視から関心・意欲・態度の重視へと重点が移行し、子どもの能動性や主体性を重視する教育観が提唱された。2002年の新学習指導要領ではゆとり教育が謳われ、学習内容の3割削減や週休2日制、総合的学習が設定された。このように最近の文科省は、大人主導のかかわりの弊害をなくすために、子どもの能動性や主体性を尊重しようとする方針をとってきたといえる。

しかしその後、以前と比べて学校外での学習時間が減っていること（図1-1は1979年と1997年、図1-2は1949年と2000年の比較である）、PISA（OECDの学習到達度調査）や日本・米国・中国の国際比較調査でも日本の子どもの学習時間が非常に少ないことが示され（図1-3）、また以前の調査に比べると学力の

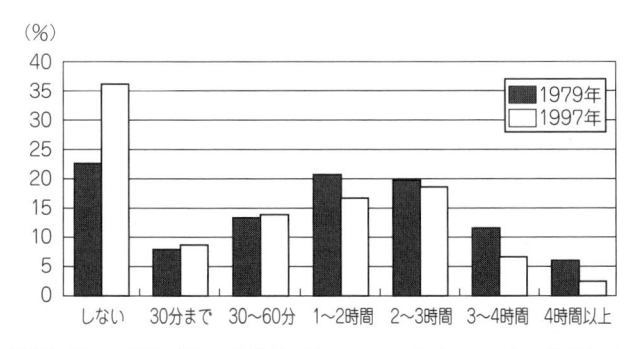

図1-1　学校以外での学習時間の時代差（高2：1979年と1997年の比較）（苅谷, 2002）

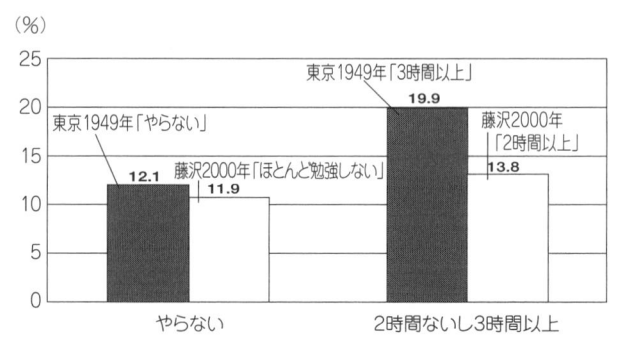

図1-2　中学3年生の学習時間の時代差（1949年と2000年の比較）（苅谷，2002）

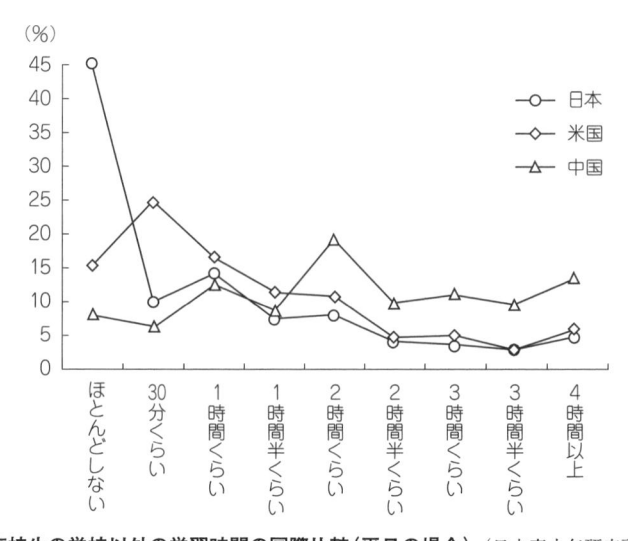

図1-3　高校生の学校以外の学習時間の国際比較（平日の場合）（日本青少年研究所，2004）

低下が見られるとして、ゆとり教育による学力低下論が盛んに唱えられるようになった。特に社会階層によって学習意欲に差が生じていることが指摘され、上層の者は学習の意欲をもち続けているが、下層の者は以前と比べて学習時間が著しく減っているし（図1-4）、もっと勉強しよう、さらに知りたいというような意欲を失ってしまっていることが示され（10章 図10-4参照）、**意欲格差社会**という言葉が生まれた。「ゆとり」によって生じた時間は「自ら学び考える」

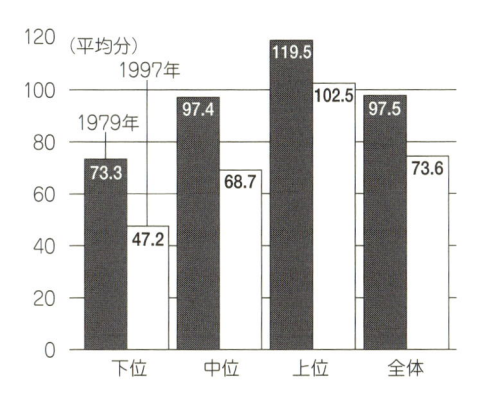

図1-4 社会階層別に見た学校外での学習時間 （苅谷，2002）

ことに生かされるのではなく、塾に行く時間が増えるか、あるいはテレビや遊びの時間になるというように、2極化し、格差が拡大していることが危惧されている。「学びから逃走」する子どもたちに対して「学び」を保障することが重要であり、ゆとりを与えるよりも、基本をきちんと習得させることが重要とするゆとり教育批判が高まっていく。文科省も「学びのすすめ」を発表したり、学習指導要領は「最低基準」であるとしたり微修正をするようになり、2005年には、総合的学習を見直す方向性が示され、2008年の改定案ではゆとり教育の方針を変えている。

2-4 生徒指導に関する変遷

生徒指導の領域に関しては、1970年代頃から大人主導のやり方が強まり、それと共に厳しい校則で管理するような管理教育の弊害が目立つようになった。教師が権力で生徒を抑えつける体罰が問題になったり、校内暴力を管理の徹底で押さえ込むような対処がいじめにつながるというような批判がなされた。そして、子どもの人権や自主性を尊重しようとする動きが強まり、それが行き過ぎて、大人が子どもの行動を注意したり方向づけることさえ自主性を阻害すると問題視されたりした。大人たちのなかには社会化を放棄するような者も見られるようになり（図1-5）、生徒を統制できない教師やしつけをしない親が話題になった。そして自制心がなく規範意識も不十分なままの子どもたちが目立つ

「弱いものいじめをしないようにしなさい」

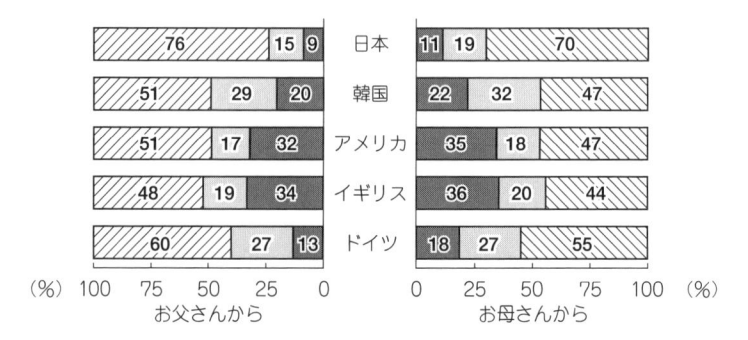

	お父さんから				お母さんから		
日本	76	15	9		11	19	70
韓国	51	29	20		22	32	47
アメリカ	51	17	32		35	18	47
イギリス	48	19	34		36	20	44
ドイツ	60	27	13		18	27	55

「うそをつかないようにしなさい」

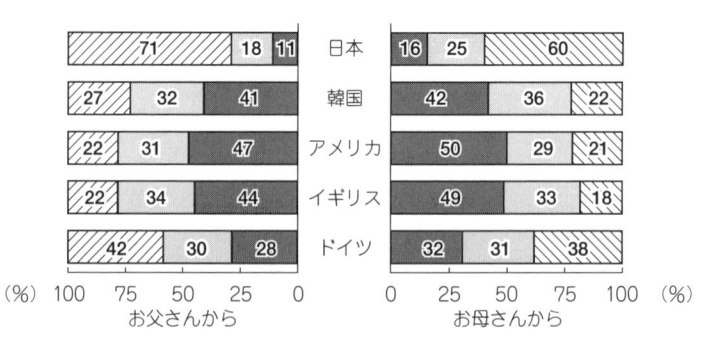

	お父さんから				お母さんから		
日本	71	18	11		16	25	60
韓国	27	32	41		42	36	22
アメリカ	22	31	47		50	29	21
イギリス	22	34	44		49	33	18
ドイツ	42	30	28		32	31	38

「人に迷惑をかけないようにしなさい」

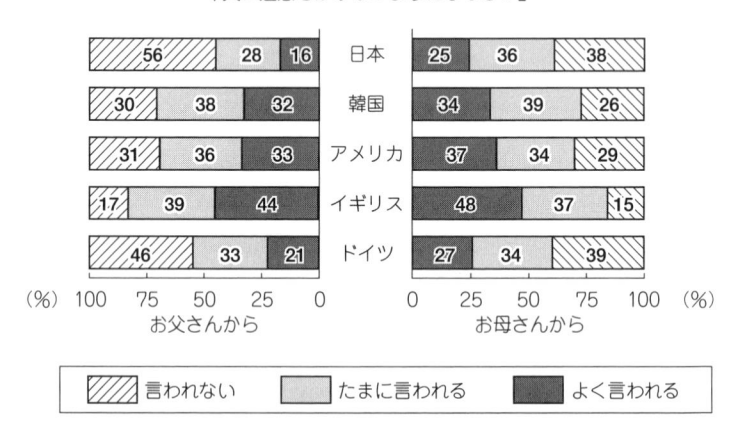

	お父さんから				お母さんから		
日本	56	28	16		25	36	38
韓国	30	38	32		34	39	26
アメリカ	31	36	33		37	34	29
イギリス	17	39	44		48	37	15
ドイツ	46	33	21		27	34	39

凡例：言われない／たまに言われる／よく言われる

図1-5　しつけの国際比較（文部省，1999）

ようになり、それが学級崩壊や青少年の問題行動につながっているのではないかと危惧された。

さらに1997年の神戸児童殺傷事件のような衝撃的な少年非行が続出し、青少年の規範意識や心のあり方の問題が顕在化し、大人が教えず、しつけないことの問題が声高に指摘されるようになった。文科省も、1998年には中教審答申「幼児期からのこころのあり方」で、規範意識の稀薄化を裏付ける統計的資料を示し（図1-6, 図1-7）、「大人がきちんと悪い事は悪いと言うこと」や規範意識の涵養の重要性を指摘した。2002年から施行の新学習指導要領でも道徳教育の重視が総則に繰り込まれ、文科省は心の教育のために「心のノート」という道徳教育の補助教材を作成し全国1100万人の小・中学生全員に配布し、論議を呼んだ。2006年10月設置の教育再生会議でも「高い学力と規範意識の涵養」が提言され、第二次報告では徳育の教科化が提言された（もっとも、これ

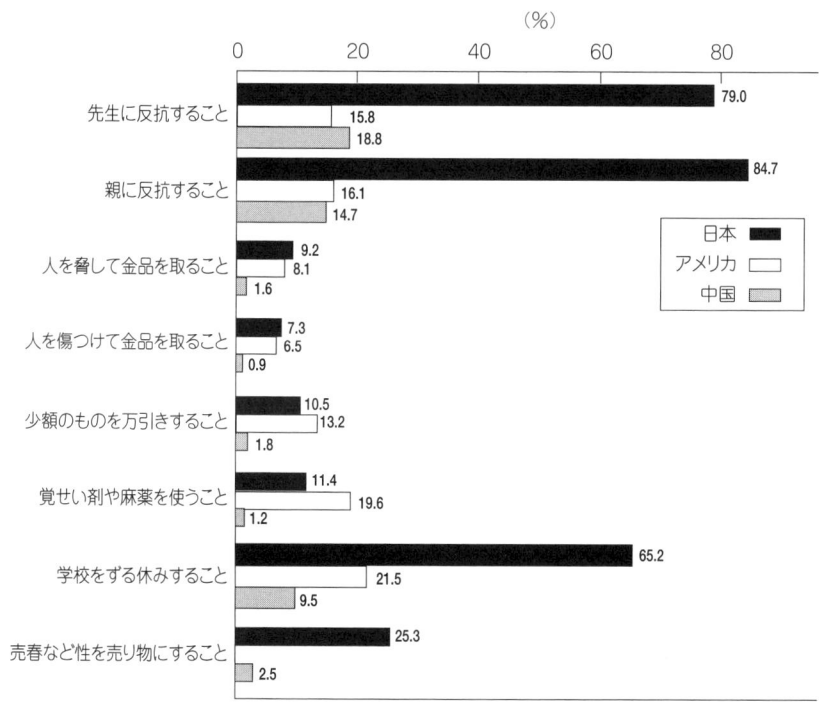

図1-6　日・米・中の高校生の規範意識（中教審, 1998）
「本人の自由でよい」と回答した者の割合

	(%)

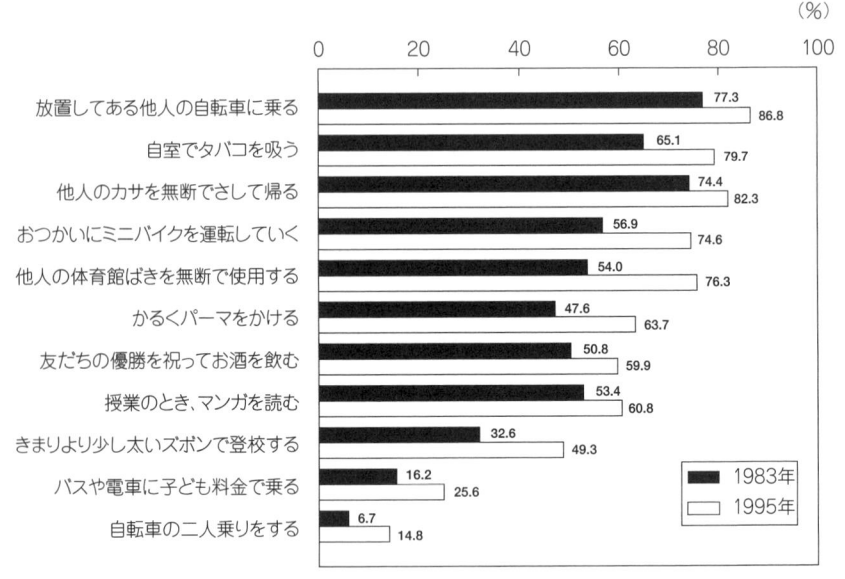

グラフ項目（1983年／1995年）:
- 放置してある他人の自転車に乗る：77.3／86.8
- 自室でタバコを吸う：65.1／79.7
- 他人のカサを無断でさして帰る：74.4／82.3
- おつかいにミニバイクを運転していく：56.9／74.6
- 他人の体育館ばきを無断で使用する：54.0／76.3
- かるくパーマをかける：47.6／63.7
- 友だちの優勝を祝ってお酒を飲む：50.8／59.9
- 授業のとき、マンガを読む：53.4／60.8
- きまりより少し太いズボンで登校する：32.6／49.3
- バスや電車に子ども料金で乗る：16.2／25.6
- 自転車の二人乗りをする：6.7／14.8

「本人の自由でよい」と回答したものの割合。
資料：ベネッセ教育研究所「中学生は変わったのか」1995.

図1-7　中学生の規範意識の時代差（中教審，1998）

は実現しなかった）。2007年には教育基本法が改正され、「愛国心」の文言は見送られたが、「伝統と文化を尊重し、それらをはぐくんできた我が国と郷土を愛する」という文章が盛り込まれた。2008年指導要領の改訂案では、「道徳は『道徳の時間』を要として学校の教育活動全体を通じて行い、『道徳教育推進教師』を中心に全教師が協力して展開する」と道徳教育の推進が謳われている。

　以上のように、生徒指導の領域でも、大人主導のあり方と自主性を尊重する考え方をめぐって教育の動向が変遷し、青少年の道徳教育における問題性とその重要性が指摘されるなか、「大人が主導的にかかわる」方向が打ち出されているといえる。

3　現代社会と主体的・能動的学び

　2節で、大人が主導して子どもの行動を形成するあり方と、子どもの能動性を重視するあり方の2つが、時代の変遷と共に、その重みを変えてきていること、文科省もその2つのあり方をめぐって方針を変えてきていることを述べたが、2つのどちらもいつの時代にも必要である。わからないことを大人から効率的に教えてもらうことも、人から教わるだけではなく自ら学ぶことも、どちらも重要なことである。

　科学技術が進歩し変化の著しい現代社会では、学ぶべきことは非常に多く、合理的・効率的な教育方法を工夫し大人がうまく主導することにより、必要な知識と技術をどの子どもにも獲得させていくことが重要である一方、主体的・能動的学びも今まで以上に求められている。いつの時代であっても、子どもが自ら学ぶ力をつけること、能動的な学びを活性化することは教育上の重要な問題であるが、特に現代という時代は、そのことが以前よりもより重要とされる時代と考えられる。その背後にあるのは、以下のような状況である。

(1)　自己教育力の必要性

　現代という変化の激しい社会にあっては、学んだことはすぐに古くなり使えなくなる可能性が大きい。かつては若い頃にしっかり技術や知識を身につければ、それで一生安泰であった。しかし現代にあっては、それらはすぐに役立たなくなってしまう。生涯学習の時代なのである。変化の激しい時代には、変化にあった新しい技術や生き方が必要となり、今ある知識や技術を学びとり文化を継承していくだけではなく、自ら学び続ける力 —— **自己教育力** —— が必要とされる。

(2)　自発的に学べる当り前の環境の喪失 —— **自発的・主体的な学習がなされにくい**

　一般的に子どもの発達のなかには、与えられた環境、ごく平均的な当り前の

環境のなかで、自然に学習し自ら発達する部分がある。ところが現代社会においては、自ら学べるようなごく平均的な当たり前の環境が失われつつある。たとえば自然のなかで遊ぶ、大人や仲間と共に何かするというような機会が減っている。大人に育てられつつある子どもにとって、自分の意志で働きかけられる対象、思うままになる対象は非常に限られている。自然は子どもが働きかけの主体となれる数少ない対象であり、自ら働きかけ、それに対するさまざまなフィードバックを得て、五感を使って自分なりに学習することが可能である。

図1-8は、自然経験がいかに減ってきているかを示している。川で、野原で自由に遊ぶなかでの学びが失われてきている。あるいは近隣の子どもたちと共に遊ぶなかでも多くを学べる。そのような自発的な経験から、子どもたちは世界について素朴な概念を形成し、その個人的な生活概念を客観的な科学の概念にしていくこと、個人的な経験を社会的・文化的に意味あるものにしていくのが、かつての学校教育の役目だったと考えられる。

ところが現代の子どもたちは、学習のもとである生活経験が希薄なため、学校教育はそれを客観的なものにするのではなく、生活経験そのものを与える場になってきている。1992年から小学校低学年に導入された生活科は、子どもたちから失われた自然経験や社会経験を、学校教育のなかで補おうとするもの

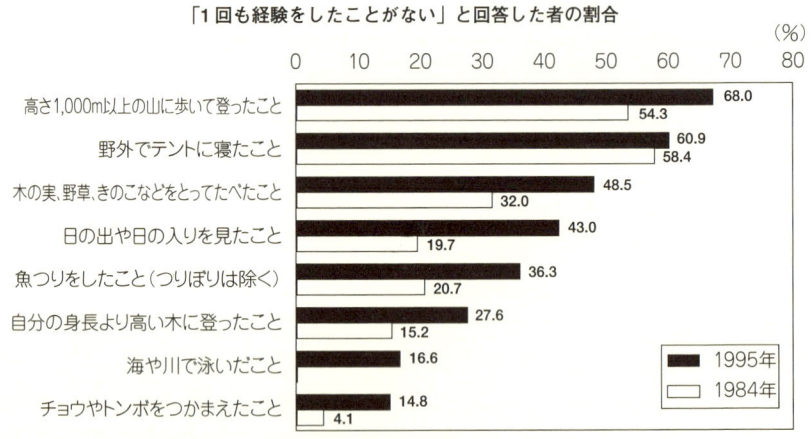

「1回も経験をしたことがない」と回答した者の割合 (%)

項目	1995年	1984年
高さ1,000m以上の山に歩いて登ったこと	68.0	54.3
野外でテントに寝たこと	60.9	58.4
木の実、野草、きのこなどをとってたべたこと	48.5	32.0
日の出や日の入りを見たこと	43.0	19.7
魚つりをしたこと（つりぼりは除く）	36.3	20.7
自分の身長より高い木に登ったこと	27.6	15.2
海や川で泳いだこと	16.6	
チョウやトンボをつかまえたこと	14.8	4.1

小学4～6年生および中学1、2年生約2000人を対象に調査。
資料：青少年教育活動研究会「子供たちの自然体験・生活体験に関する調査研究」1995.

図1-8　子どもの自然経験（中教審，1998）

と考えられる。自分たちで野原を走り回り、花を摘んだり虫を採ったりして、自然について自分なりに理解し、それを教室でより確かで科学的な理解に変えていくという方向ではなく、テレビや図鑑で見て名前は知っているが実物を知らない子どもたちを、野原に連れ出して、具体的・直接的な経験をさせようというのである。

　また、家族が核家族化する以前の、大家族が一般的であった時代には、子どもは親からだけでなく、祖父母や、近在の親戚からの世話も受け、兄弟も多数いるし、地域社会も人の交わりが濃密であったため、その分豊かな生活経験をもっていたといえる。

　地域社会で大人たちが運営している子ども会や、学校や保育園で行われている学年を超えた縦割りの交流も、近所の遊び仲間を失い、同じクラスの子としか遊ばない現代の子どもたちの生活経験を補おうとするものであろう。さらに、現代の子どもたちは身近な大人を見ていて自ら学ぶということも少なくなっている。かつては確かな地域共同体があり、地域で活動する大人を見るなかで、子どもたちは地域の活動やつきあい方等について知らず知らず学んでいたし、身のまわりで働く大人を見たり、時に少し手伝ったりするなかで、働くことや広い意味での社会性を身につけていったと思われる。現代はそのような意味での大人からの学びが少なくなり、社会全体がもつ教育力も弱化している。

(3) 大人の介入の増大

　上述のように、大人を見ていて、あるいは大人とともに活動するなかで、子どもが自ら学ぶということが少なくなっている一方で、現代においては大人の介入が増大している。以前に比べて生活レベルが上がり、また技術革新のおかげで親に余裕ができたこと、少子化が進み親の子どもへの期待が増したこと、また教育の技術や方法が開発され、効果的なかかわりが可能になったこと等により、教育への関心が全体的に高まっている。そして大人は、子どもたちが早くいろいろなことができるように、積極的にかかわるようになってきている。

　確かに子どもの学びは効率的になり、迅速で確実な習得が可能になっている。しかし子どもが自分で試行錯誤しながら、自分の力で自ら学ぶ機会が奪われてしまっている。「大人に少し教わるけれど、後は自分で毎日一生懸命泳いでやっと泳げるようになった」というような遅々とした学習ではなく、スイミン

グ・スクールで言われるままに練習し、どの子も苦もなく泳げるようになっていくのである。そしてそのように介入がうまくいけば、大人は自分が望むように育てたいという気持をさらに強め、介入度を増して思うままに子どもを操作・管理しようとして、子どもの自発性・主体性への考慮がなくなっていく可能性がある（【コラム 1-2】）。

またメディア等による情報の提示も、子どもの自発的・主体的な学習を弱化させる大人の介入といえる。実生活のなかでものと直接的にかかわって自ら気づくという手続きを経ず、簡単に知識を得てしまう子どもたちにとって、生活

コラム　1-2　教育万能主義

大人の介入が増大し、教育による成果が感じられるようになると、教育によって何でも可能とする考え方がもたれがちになる。最近の教育をめぐる風潮は、**教育万能主義**の傾向を強めているように思われる（青少年の問題が起こったときの「学校バッシング」や、親の育て方への過剰な非難は、どの子も「パーフェクト・チャイルド」にすべきだし、できるのに、それに失敗したという非難であろう）。広田照幸は教育万能主義の暗黙のコンセンサスを4つあげている。

① 大人は子どもの環境を教育的な目的に向けて全面的にコントロールできるし、すべきである。
② 子どもが非行を起こすのは、教育的なコントロールが不十分か、失敗したからである。
③ 方法については議論があるが、教育的なコントロールを徹底していけば、非行はなくなる。
④ 今求められているのは非行をなくすことであり、そのためには教育的コントロールを強化する必要がある。

大人の介入の増大と、さらにそれを強めることによって問題を乗り越えようとする志向がうかがえる。
〔広田照幸『教育には何ができないか ― 教育神話の解体と再生の試み』春秋社, 2003.〕

経験からの学びはまどろっこしく、大人から与えられる知識だけを簡単に受け取ろうとする志向を強めてしまうと考えられる。

(4) 子どもたちが自分で学ぶことも多い

そのように自発的・主体的な学習がなされにくくなっている一方で、現代の子どもたちは、自ら学ぶ機会も多く手にしている。

近代社会では、ホモ・エドゥカンドゥス (homo educandus：教育を要するヒト) だった子どもは、情報技術が発達した現代社会においてはホモ・ディスケンス (homo discens：自ら発見するヒト、自ら学ぶヒト) になっているのである。

近代は活字の印刷技術の発明とともに始まったとされるが、子どもは文字を習得して知識を得ることを要請された。そのためには教師と教材が必要であり、学校で学ぶことが必要だった。知識と技術をもつ大人に依存して学ばなければならないし、学びに応じてその後の情報入手の度合いは異なるため、一生懸命学ぶ必要があった。

ところが高度情報化社会になると、多くの情報に誰もがアクセスできるようになった。一生懸命に学習しなくても、それまでの訓練や経験、知識と関係なく、誰もが簡単に膨大な情報を手にすることが可能になった。学校に行かなくても、大人に頼らなくても、何でも知ることができる。学校での学びは、日常生活の学びの延長となり、学校を特別な「学びの場」ととらえない子どもたちも増えてきている（表1-1）。

確かにさまざまな情報へのアクセスが容易になり、誰もが簡単に学べる社会になったともいえるが、情報が溢れるなかで適切に取捨選択し、知りたい情報を正確に得て、主体的に学ぶ能力が必要になってきている。そのためにも、自ら学ぶ力をしっかり身につけさせることが必須の課題となっているといえるのである。

表1-1　中学3年生の学習意識 (藤沢市教育文化センター, 2001；高橋, 2002参照)

学校に通う理由	
友達と過ごしたい	37.4%
将来のため	32.4%
義務教育だから	20.6%
勉強するため	2.6%
学校で大切なこと	
友達づきあい	76.1%
勉強	9.5%
部活	8.8%

調査対象：藤沢市, 3170名, 2000年

本書では、教育心理学のなかで、特に上述の2つの教育のあり方をめぐる問題を取り上げ、それぞれの理論的背景や理論における発達・学習のとらえ方やその考え方から導き出される具体的な学習方法や対処法、それらの問題点や優れた点等について述べ、子どもの望ましい発達を促す教育はどのようなものか、大人は子どもにどのように働きかけたらよいのかについて考えてみる。2つの考え方は子どもの能動性のとらえ方や大人のかかわり方等に関して正反対の立場と考えられるが、どちらも究極的には「主体的・自律的に学ぶ力を身につけさせる」こと、そして「自己学習能力」を目指しているように思われる。本書の基底にある問題意識は、現代社会で特に必要とされている主体的・自律的に学ぶ力を身につけさせるにはどうしたらよいか、そのために大人はどのように働きかけたらよいのかであり、それらを念頭におきながら、2つの考え方をめぐるさまざまな理論について考えてみたい。

第2章 発達における経験の重要性と発達の可塑性

　本章では、発達において環境や経験がもつ重要性、環境や経験によって発達がどの程度変わりうるのかについて考えてみる。特に初期経験の重要性が指摘されているが、発達初期に当たり前の環境が与えられなかった場合どのような影響があるのか、そして発達の可塑性が高いとされる人間において、その影響は後の経験によって修正できるのかについて、いくつかの事例に基づいて示し、発達の可塑性＝教育の可能性について論じる。

1　発達における遺伝と環境

　発達が何によって起こるのか、遺伝によるのか、それとも環境によるのかの問題は、古くから関心がもたれてきた。もし遺伝によって発達が決まってしまうのであれば、生まれる前から人生は決まっていて、生後どのような環境でどのような経験をしても発達は変わらないわけで、教育は本質的な意味を失ってしまう。『ガタカ』という映画には、遺伝子の研究が進み、生まれもった遺伝子によって職業が決まり、エリートか否かも決まってしまう未来の社会が描かれている（【コラム2-1】）。
　ある特性が遺伝によるのか、それとも環境の要因が強いのかという検討が、次のようなさまざまな方法で行われてきた。

　① 家系研究――1つの家系にある形質の者がどのくらい見られるかを調べる研究法で、有名な家系に音楽家のバッハの家系（4代60名中42名が音楽

> **コラム 2-1　SF映画『ガタカ』**
>
> 　出産前に劣等遺伝子を修正しなかった主人公ヴィンセントは、「不適正者」のレッテルを貼られ、それにふさわしい職にしかつけないことが決まっていたが、宇宙飛行士になる夢をもって努力を重ねていた。彼は優秀な遺伝子をもつが事故で車椅子生活になったジェロームと出会う。そしてジェロームになりすまして、宇宙開発事業を手がけるガタカ社の社員として潜りこみ、度重なる遺伝子の検査をくぐりぬけて、宇宙飛行士になって宇宙に飛び立つという映画。人間がもつ遺伝子によって生き方や職業が決められてしまうという恐ろしい未来社会だが、それでも劣等遺伝子をもつ主人公は最大限の努力＝可能性を実現化する経験を積み重ねることにより、社会が決めた生き方を抜け出ている。
> 〔『ガタカ』アンドリュー・ニコル監督・脚本, 1997.〕

家）、社会的問題行動に関して H. H. ゴッダードが報告しているカリカック家がある。
② 双生児法 ── 異環境で育った一卵性双生児の類似度や一卵性の双子と二卵性の双子の類似度等を比較する。一卵性の双子は遺伝的に全く同じであり（＝クローン）、違いがあれば環境によると考えられるのに対し、二卵性の双子は遺伝的には兄弟と同じであり、違いには遺伝と環境の両者が関与している。したがって一卵性が似ていて二卵性が異なるものは、遺伝規定性が強いといえる。
③ 養子研究 ── 育ての親との類似度と産みの親との類似度等を比較する。

　そのようにしてさまざまな特性に関する遺伝規定性が示されてきた（知能に関する双生児法と養子研究のまとめは図 2-1 の通りである）。
　当初は遺伝と環境のどちらの方が強いかという問題の立て方であったが、現在は、遺伝と環境の効果は混じり合っていて切り離すことはできないと考えられている。たとえばバッハは遺伝的にも才能を受けついでいただろうが、バッ

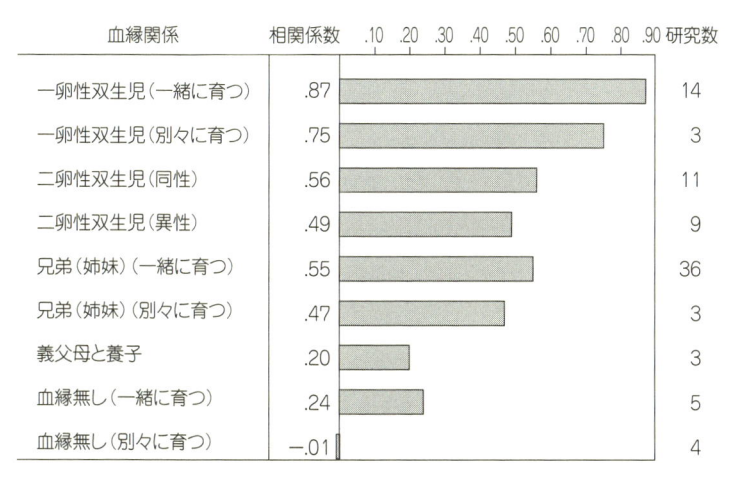

血縁関係	相関係数	.10 .20 .30 .40 .50 .60 .70 .80 .90	研究数
一卵性双生児（一緒に育つ）	.87		14
一卵性双生児（別々に育つ）	.75		3
二卵性双生児（同性）	.56		11
二卵性双生児（異性）	.49		9
兄弟（姉妹）（一緒に育つ）	.55		36
兄弟（姉妹）（別々に育つ）	.47		3
義父母と養子	.20		3
血縁無し（一緒に育つ）	.24		5
血縁無し（別々に育つ）	−.01		4

図2-1　血縁関係の知能相関　(Jensen, A. R., 1969)

ハが育った環境は音楽家が育つ最適な環境であっただろうし、IQの高い親の子どものIQが高いのも必ずしも遺伝の影響だけはなく、IQの高い親は知的発達を促す環境を提供している可能性も高い。親のもつ傾向は、遺伝として子どもに作用すると同時に、提供する環境をも規定しているのである。また子どもがもつ生得的傾向がその子の生きる環境を規定するという面もある。たとえば生理的リズムが一定で機嫌も直しやすく扱いやすい子は親のよい働きかけを引き起こしやすく、適切な環境を作る可能性が高いのに対し、扱いにくい子は親のよい働きかけを引き起こしにくい可能性がある。

　そのように遺伝と環境の効果は切り離せず、相互に影響し強め合うとする考え方は、**相互作用説**といわれる。現代の遺伝学では遺伝を考えるとき、遺伝子型（遺伝によって伝達された遺伝的構成）と表現型（観察可能な特性）に分けてとらえられているが、同じ遺伝子型であっても、環境によってそれが表現されるかどうかは異なるのである。つまり先天的にもっている潜在能力は、環境にそれを実現させる機会がなければ現れてこないのである。

　この考え方を図式化したのが、A. R. ジェンセンの環境閾値説の図で、どの特性もカーブは異なっているものの、可能性が顕在化するかどうかは環境条件によっているのである（図2-2）。

　つまり発達には遺伝と環境の両方が相乗的に関与しており、教育とは、遺伝

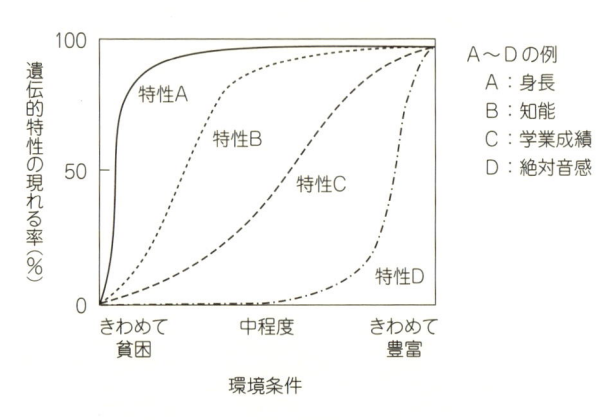

図 2-2　環境と遺伝的可能性の実現度との関係 (Jensen, A. R., 1969)

的条件を背負う人間に対して、遺伝的条件の発現の場を与えるものといえる。教育は遺伝的条件を越えることはできないが、適切な環境を準備することで、子どもが遺伝的にもつ可能性を実現化するものなのである。

2　初期経験の重要性

1節では遺伝的な潜在能力も適切な環境があって初めて顕在化することを説明したが、環境の力は特に発達初期に大きい。初期経験の重要性についてはK. ローレンツの**刷り込み**（imprinting，刻印づけともいう）が有名である。ローレンツは、ハイイロガンの卵を人工孵化してガチョウに育てさせようとした。生後すぐに親の後を追いかけて移動するのはガンの習性なので、生まれた雛は当然のように、ガチョウを親と見なして後をついて歩いた。ところが、ローレンツの目の前で孵化した一羽だけは、ローレンツを親と認識して追いかけるようになった。

ローレンツは、このような母鳥の後を追うという種に普遍的に見られ、生得的に可能と思われる行動も、実は孵化後すぐに見た動くものが母鳥だったという経験に基づいており、「本能」ではなく、発達初期の特殊な学習であることを指摘した。このタイプの学習が生じるのはごく短期間の**臨界期**だけで、繰り

> **コラム 2-2　野生児**
>
> 野生児についてはどこかで聞いたことがあると思われるが、狼に育てられると狼のようになってしまい（もちろん遺伝子型は人間であり「不完全な狼」であるが）、初期の環境次第で子どもはどのようにも育つことを示す例ととらえられがちである。しかし野生児は「動物に育てられたために動物のようになった」わけではないという批判がある。
>
> 　B. ベッテルハイムは、野生児は遺棄された自閉症児ではないかとしている。野生児の行動は奇矯に見えるが、重度の遅滞児に見られることがあり、彼らがもてあました家族に遺棄された可能性を指摘し、彼らの異様な振る舞いに当惑してもたれた「野生児神話」なのだとしている。だが、人間としての遺伝的素質をもって生まれても、それを実現する環境がなければ「人間」にはならないことを示す最適な事例であることは変わらない。（ただし J. A. L. シングの『狼に育てられた子 ── アマラとカマラの養育日記』については、写真は捏造されたものであり、記録についても信憑性に問題があるという指摘がある。）
>
> 〔ベッテルハイム, 1978.; 鈴木, 2008.〕

返すことを要さずに成立し、そしていったん成立してしまうと非可逆的で変えられない学習であり、発達初期の経験は非常に重要なのである。発達初期に普通でない状況に置かれると、その種に普遍的に見られるような当り前の行動をしなくなってしまうことが示されたが、人間においてそのことが劇的に示されているのが**野生児**である。野生児についてはいくつもの報告があるが、どの事例も四つ足歩行であり、言語をもたなかったことが報告されている。フランスで発見された野生児は、発見当時言葉をもたず、人間らしさは全く見られなかった。軍医 J. イタールの記録（『アヴェロンの野生児』）によると、5年間にわたって正常な人間に戻すための教育が行われたが、感覚機能の回復などいくつかの改善は見られたものの、完全に回復することはなく、言語も獲得したといえるほどにはならなかった。

　野生児の例は、人間としての遺伝的素質をもって生まれても、それを実現する環境がなければ「人間」にはならないことを示している。「直立歩行」と「言語をもつこと」は人類の特徴とされるが、人間として生まれても、人間の

社会で育たなければ、その特徴が発揮されないのである。普通はそのようなことは起こらないから（野生児は、「禁じられた実験」が行われてしまった例である）、人間が人間になるのは当り前と思われてしまうが、極端な環境の悪条件により、「人間になる」という遺伝的可能性、生得的装備が実現化しないことがあるのである（【コラム 2-2】）。

3　人間の発達の特殊性

　動物にとっても初期経験は重要で、発達初期の経験によって生得的に装備されている資質が実現化しない場合もある。しかし人間は、初期経験に限らず、経験や環境がもつ意味が特別に大きい種である。

　A. ポルトマンは、人類は他の高等哺乳類に比べて新生児が極端に未熟なまま生まれることに注目し（表2-1）、人類は十分に成長する前に生まれてしまう**生理的早産**であると指摘した。人間は他の高等哺乳類の新生児の状態になるまでに生後ほぼ1年かかっており、その1年間は本来子宮にいるべき時であるとして**子宮外の胎児期**と呼んだ。この人間という種独自の特殊性が人間の発達過程を規定し、環境からの影響を早い時期から受け、結果的に長い期間にわたって影響を受けることになる（図2-3）。

　2番目の特徴として、発達がゆっくりしていて子ども時代が長く、したがって環境からの影響を受ける時期が長いことがあげられる。表2-2は犬と人間の成長過程を対比させたものだが、犬はほぼ1年で成熟するのに対し、人間は18年かかって大人になること、その後は犬の4年間が人間の1年間にほぼあたることが示されている。大人になってからは1：4なのに対し、子ども時代は1：18の割合であり、いかに人間の子ども時代＝成長期が長いかが示されている。成長期が長いことは、人間は環境によって変わりうること、発達の可塑性が大きいことを示している。

　さらに人間は、上述のように生まれたとき未熟・無力であり、かつ成長期が長いため、保護・援助してくれる他者がいないと生きられず、養護を必要とする動物である（一方未熟ではあっても、母親との関係を築く能力はもっている）。

表 2-1　生理的早産

	妊娠期間	1胎の児の数	新生児の状態	
高等哺乳類	長い	少	成熟	離巣性
下等哺乳類	短い	多胎	未熟	留巣性

人間の場合、環境からの影響が早期から長期間にわたる

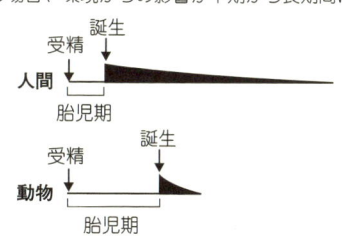

図 2-3　人間と動物の発達過程と環境からの影響

表 2-2　人間と犬の年齢比較 （平岩米吉；藤永, 1990 参照）

犬	人間		犬	人間	
出生	出生		1年	18歳	
20日	1歳	（乳歯発生）	2年	22歳	
40日	2歳	（乳歯完成）	3年	26歳	
60日	3歳		4年	30歳	
80日	4歳		5年	34歳	
100日	5歳	（永久歯発生）	6年	38歳	
120日	6歳		7年	42歳	
140日	7歳		8年	46歳	
160日	8歳		9年	50歳	
180日	9歳	（犬、永久歯完成）	10年	54歳	（生殖力減退）
200日	10歳		11年	58歳	
220日	11歳		12年	62歳	
240日	12歳		13年	66歳	
260日	13歳		14年	70歳	
280日	14歳	（人、永久歯完成）	15年	74歳	（長命）
300日	15歳		16年	78歳	
320日	16歳		17年	82歳	
340日	17歳		18年	86歳	
1カ年	18歳	（ほぼ成熟）	19年	90歳	
			20年	94歳	

また環境を自分で選ぶことはできず、大人がどのような環境を提供してくれるかによって、発達が規定される。つまり、他者との関係性が重要なのである。

このように人間の子どもは大人が提供する環境のなかで、大人からの援助を受けながら発達していくのであり、発達の可塑性が大きく、「教育」が非常に重要なのである。

4 発達の可塑性 ―― 初期経験の効果の持続性

発達にとって初期経験は重要であり、かつ人間は発達の可塑性が大きいということを述べてきたが、初期経験の効果は後の経験によってどのくらい変化するのだろうか。そして、教育がどのくらい関与できるのだろうか。

刷り込みは特殊な学習であり、下等動物ではその特徴があてはまるが、高等になるにつれあまり明確ではなくなってくる。いったん成立すると非可逆的で変えられないという特徴も、高等になるにつれ弱まってくる。H. F. ハーロウは、アカゲザルの子どもを母親や仲間から引き離して、一匹だけ隔離して「母親や仲間と共に過ごす」という初期経験を剥奪して育てたところ、異常な行動を示した。しかしその後の対応によって修復が可能だったことを報告している（【コラム2-3】）。

では人間の場合はどうだろうか。当り前の経験を与えられなかった事例について、いくつか見てみよう。

4-1 野生児・社会的隔離児

第2節で述べた野生児の場合、人間社会に戻ることにより何とか直立歩行になり、遅々とした発達ではあったが言語もいくらか習得し、人間的な感覚や感情も多少もつようになっている。ただし言語習得の臨界期をのがしてしまったため、普通の子どものように言語をもつようにはならなかった（アヴェロンの野生児の場合は、書き言葉は少し習得したが、話し言葉は全く使えるようにならなかった）。

コラム 2-3　隔離ザルの異常行動からの回復

　母親や仲間から引き離されて 1 匹だけ隔離して育てられたアカゲザル（その期間は 3、6、12 ヵ月であった）を、隔離を終えて仲間のいるケージに入れたところ、さまざまな異常行動が見られた。隔離ザルは仲間を恐れ、奇異な姿勢で引きこもっていたという。仲間に入れないし、攻撃されても仕返し

隔離後ケージに入れられて怯えている隔離ザル　　攻撃される隔離ザル

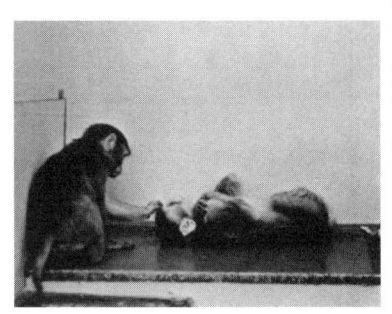

引きこもる隔離ザル　　治療ザルが接触の快感を与える

回復した隔離ザル

〔ハーロウ＆メアーズ／梶田他訳, 1979/1985.〕

第 2 章　発達における経験の重要性と発達の可塑性

もできず、やられっぱなし。反対に大人のサルに刃向かったりする（サルの社会では危険な行動）等、社会的な行動がとれなかった。実験のため異常なサルをたくさん育ててしまったハーロウは心を痛め、何とかよくならないかといろいろな試みをした。そして攻撃的でなく、ぴったりと抱きつく若い時期のサルを治療ザルとして訓練し、隔離ザルに後ろから近づいて身体的接触を与えることを試みると、隔離のため社会的行動がとれなくなっていたサルが、6ヵ月後には回復したことを報告している。初期経験の剥奪によって生じた問題が、その後に治療的経験を与えられることにより、修復できることが示されている。
〔ハーロウ＆メアーズ／梶田他訳, 1979/1985.〕

　野生児のような完全な隔離ではないが、家族からほぼ放置されながらもかろうじて生きていた事例が、日本でも報告されている。発見されたとき6歳と5歳であった姉弟は発達遅滞が著しく、発見当初は、身体発育は1歳半程度、言葉はなく、歩行もほとんどできない状態であった（【コラム2-4】）。
　乳児院に収容され、心理学者や教育学者、保母等からなる治療回復チームが作られた。担当保母との間に愛着関係が成立すると共に、身体面、運動面、社会性、情動・言語等、さまざまの面でめざましく回復していき、2年遅れで小学校に入学した。高校を卒業し、その後も社会人として順調に生活していると報告されている（この2人の場合、回復のきっかけは保母との愛着関係で、すぐに愛着関係を形成できた姉は順調に回復した一方、弟ははじめ愛着が形成できず、遅滞が顕著だったが、保母が交替した後急速に回復したとのことである）。
　これは、発達の初期に発達を促進するような働きかけを一切受けず、極端な遅滞があったにもかかわらず、その後の適切な対応によって遅れを取り戻すことが可能であった事例である。その他にもさまざまな事情で社会的に隔離されて育ってしまった事例とその後の経過についての報告があるが、順調に回復した場合と問題が残った場合がある。事後の対応によっては修復が不可能ではない、ということはいえる。

コラム 2-4　社会的隔離児の発達遅滞とその回復

　1972年、東北地方で、屋外の小屋に放置されている6歳と5歳の姉弟が発見された（図2-4のF,G）。養育が欠如し栄養状態も悪いため、極度の発達遅滞が見られた。母親は2人の子を連れて再婚したが、父親は定職もなく昼から酒を飲んでゴロゴロしている人で、さらに5人の年子が生まれ、母親は心身共に疲労し、次第に養育を放棄するようになったのである。産まれるのが後になるにつれ、養育放棄の程度が進み、発達遅滞も進み、下にいく程IQが低下している。Fより1歳年上のEは小学校入学時身長1メートルで、幼稚な行動が見られた。母親はF、Gにミルクを抱いて飲ませた記憶がなく、言葉かけも「食え」だけだったと話している。借りていたお寺の本堂で放置状態だったが、はいはいして居間に来てたれ流すので、屋外に移した。食事は1日1回、Eが運んでいた。Eは昼間裏庭で遊び相手になった（手先の技能を使うことはできた）。母親への愛着は見られず、F、G相互の愛着関係もない。図2-4は家族関係、図2-5は姉と一般女児の身長の成長曲線である。救出後6年遅れで、通常の場合と同様な線を描いている。

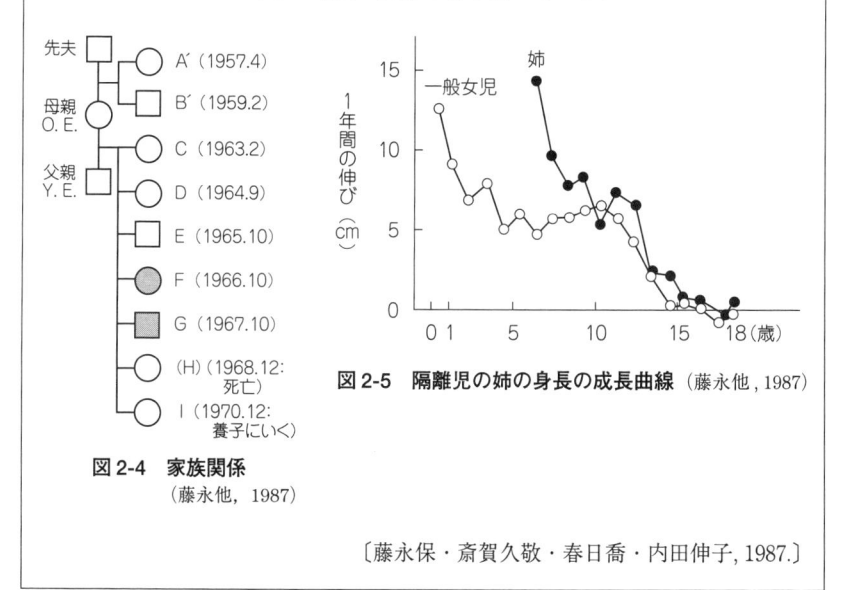

図 2-4　家族関係（藤永他，1987）

図 2-5　隔離児の姉の身長の成長曲線（藤永他，1987）

〔藤永保・斎賀久敬・春日喬・内田伸子, 1987.〕

4-2 被虐待児

発達の可塑性を示す最近の事例として、「It（それ）と呼ばれた子」を取り上げてみる（【コラム 2-5】）。彼は、孤立無援の状態で苛酷な虐待を受け続けていた。身も心もボロボロで、自分にも世界にも肯定的なものを一切もてない状態にあった。それでも彼は救出後、まわりの人々からのサポートを得て、徐々に立ち直っている。彼がなぜ立ち直れたかについては山岸（2008）で詳しく論

> **コラム 2-5　被虐待児の回復**
>
> 　米国で、実母からカリフォルニア史上最悪といわれる虐待を受けながら、それに耐えて立ち直り、その体験を著書として公刊したデイヴ・ペルザー氏の事例である。彼は 4、5 歳の頃から理由もなく理不尽に虐待され、また奴隷のようにこき使われ、生命すら危ぶまれるような目に遭いながら、何とか生き延び、12 歳のときに救出された。その後多くの里親の家を転々とするが、虐待のトラウマがあり、また友人とのつきあいもなく普通の生活を知らなかったため、適応はむずかしかった。だが里親等のまわりの人々からのサポートを得て、徐々に普通の生活ができるようになっていく。親友もでき、アルバイト等で自信も回復。18 歳で空軍に入隊した。その後青少年のための講演や指導をして「アメリカの優れた若者 10 人」「世界の優れた若者」として表彰もされている。自らの経験を 5 冊の著作にまとめ、アメリカで大ベストセラーになり、その後も恵まれない青少年のための活動を行っている。家庭に関しても、彼を理解し支援してくれるマーシャと結婚し、息子（前妻との子だが）に慕われることが支えになっている様子がうかがえる。
>
> 　ペルザー氏のホームページを見ると、表彰時のレーガン大統領との写真や、青少年への指導時の写真、息子との楽しそうな写真も掲載されている。
>
> 〔D. ペルザー『"It" と呼ばれた子　幼年期／少年期／青春編／完結編／指南編』ソニー・マガジンズ, 2002-2005; 山岸, 2008.〕

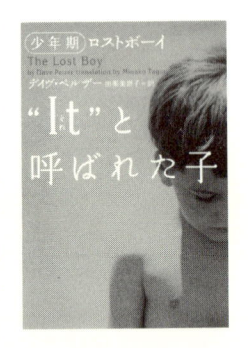

じられているが、置かれた環境の中にあるわずかなプラス要因に助けられて人は変わりうることの力強い事例である（ただし彼の場合、初期経験は歪んでいなかったし、資質的にも優れたものをもっていたと考えられる）。

4-3 施設児

　孤児院や乳児院のような施設で育つ子の問題は1900年のはじめ頃から指摘されており、施設病（ホスピタリズム）と名付けられ、当初は死亡率や罹患率の高さが問題視されていた。その問題は保母の人数を増やすことで低減できることがわかり、身体的な問題は減少したが、発達遅滞の問題はなかなか改善されなかった。J. ボウルビィはこの現象を施設特有なものではなく、人手の少ない施設では母親的な養育が欠如しているから起こるのであり、家庭でも起こりうるとして、**母性剥奪**（maternal deprivation）と呼んだ。

　母性剥奪とは母親の温かい養育を受けられないということだが、情緒的な刺激を受けられないということだけでなく、認知的・社会的な刺激の剥奪にもつながっており、世界や自分に対してもつ印象にも影響する。たとえばミルクを飲むときに、抱き上げられ声をかけられて飲む場合と、ベッドに寝かされたまま口の中に哺乳瓶を入れられて保育士は行ってしまう場合では、乳児が受ける認知的・社会的な刺激は全く異なっている。あるいは乳児が泣いたり笑ったりしたときに、それにまわりが応えてくれる場合と、何も応えてくれない場合とでも、乳児の経験や世界に対する印象は全く異なる。認知的・社会的な刺激を受けず、自分の働きかけにも応えてもらえない乳児は、自分から外界に働きかけようとしなくなり、無気力でボーっとした状態に置かれて、さまざまな面で発達的遅れや問題をもつようになる。

　そのような母性剥奪の状況に置かれていた子どもの問題が、その後の対処によって改善可能なのかどうかに関する研究に、W. デニスの研究がある。レバノンの家なし子の施設クレーシュ（【コラム2-6】）では、入所時には正常な子もすぐに遅滞が始まり、1歳時には平均的発達指数が50になってしまう。クレーシュは6歳までの施設で、その後は男子はブルマナ、女子はツォークという施設に移る。この2つの施設は発達心理学的に見て大きな差があり、ブルマナはケアの行き届いた望ましい体制であったが、ツォークは拘束的で管理主義的

な施設であった。表2-3はそこに移った子、および養子に行った子の知能指数や発達指数の平均値である。ブルマナの子や養子に行った子は発達遅滞から立ち直っている。ここには乳児期の知的・社会的経験の剥奪も、その後の経験によって取り返すことができることが示されている（デニスは2歳までに改善することが必要だと述べている）。

> **コラム 2-6　刺激が剥奪された環境 —— クレーシュ**
>
> W. デニスが報告したレバノンの家なし子の施設「クレーシュ」の様子は次のようである。
>
> クレーシュでは乳児はほとんど丸一日白い幌付き型のベッドに寝かされ（視覚的刺激すらほとんどない）、授乳時も哺乳ビンを口に入れられるだけである。そして世話をする人は仕事がうまく行かず戻ってきたクレーシュ出身の女性で、世話の質は劣悪。たとえば乳児が泣いても応えない、おむつは取り替えるが気づくのが遅い、哺乳瓶がはずれても直さない、食べさせ方もただ口に入れるだけ、話しかけない等々。子どもたちは愛情ある母親とのやりとりで与えられる母性刺激（これは同時に認知的・社会的刺激でもある）を剥奪され、また応答性のない世話を受け、自分の働きかけに応えてもらうこともない。
>
> 2、3歳になっても個別のベッドに入れられたままで、遊び場にもほとんどつれて行かれることがない。おもちゃ
>
> 白いベッドに寝かされている捨て子の赤ちゃん
>
> ベッドの中の2歳児
>
> はほとんどなく、子どもが自由に使えるものもなく、探索するものがない。管理主義的で個別の対応はなく、トイレも一斉に行かされる。変化のない単調な毎日。窓も高い所にあり、空しか見えない。シェマを使う対象はなく、働きかけることもなく、生活経験は全く貧弱なまま、無気力に過ごしている。

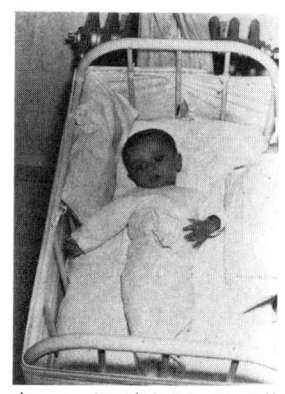

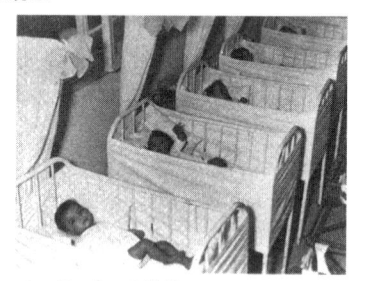

現在の施設がこのようであるわけではないが、経済的・人的に制約があれば世話の質は落ち、応答性に欠けるようになるし、家庭においても母性剥奪の状況に置かれている子、親が放置せざるをえない状況にあれば、このような発達遅滞は起こりうる。

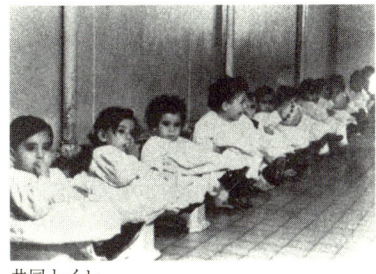

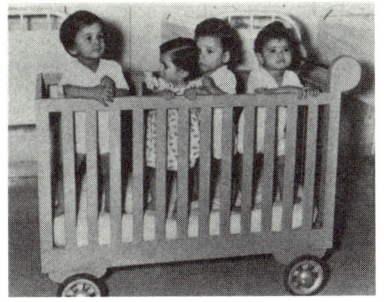

共同トイレ

囲われた遊び場

〔デニス, W.『子どもの知的発達と環境 —— クレーシュの子どもたち』三谷恵一訳, 福村出版, 1973 / 1991.〕

表 2-3　クレーシュ入所児とその出身者の知的発達（デニス／三谷訳, 1973 / 1991）

対象	発達の程度	
1歳	50	発達指数
少女（ツォーク）	54	知能指数
少年（ブルマナ）	85	知能指数
2歳までに養子	96（4歳時）	発達指数
2歳以降	初めの遅滞残存	

　以上のように、発達の可塑性が大きい人間の場合、初期経験が歪んでいてもそれが生涯続くとは限らず、後にそれを修復し補うような環境に置かれて適切な経験をすることにより、歪みを修復することも可能といえる。ただし初期経験が歪んでいれば、その子がとる行動様式は不適切なものになり、周囲の人々との間に軋轢が生じやすく、環境は厳しいものになりやすい。環境が厳しければ、初期経験による問題性はさらに強まり、はじめの歪みが悪循環的にひどくなっていく可能性が高い（図 2-6）。幼少期の問題は生涯影響するという幼児期決定論は、その意味で現実的にはあてはまる場合が多いといえる。

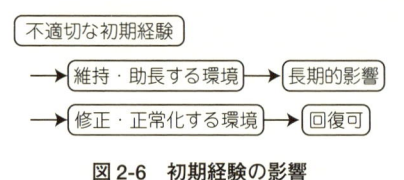

```
        ┌不適切な初期経験┐
    ──→┤維持・助長する環境├──→┤長期的影響│
    ──→┤修正・正常化する環境├──→┤回復可│
```

図2-6　初期経験の影響

　しかし適切な環境を提供することにより、その悪循環を断ち切ることも可能なのである。どのようにして歪みを修正できるか、どのような経験が必要なのかを考え、それを用意することは、教育の重要な役割といえる。

第Ⅱ部
発達・学習のとらえ方と学習の方法

　第Ⅱ部では、子どもの発達を促す大人のかかわり方について、現代の教育心理学の理論が提唱しているいくつかの考え方を取り上げる。それらは理論的な背景だけでなく、子どもや人間をどうとらえるか、発達・学習をどうとらえるかが大きく異なり、そこから導き出される学習の方法も異なっている。

　まず第1章で述べた子どもの発達・学習に関する2つの異なった考え方 ── (1) 子どもの発達・学習は、その過程を大人が準備し、大人が主導的に働きかけることにより効率的に成立するとする考え方、(2) 子どもは自発的に環境に働きかけることにより自ら学ぶのだから、子どもの能動性・主体性を重視することが重要とする考え方 ── についての心理学の理論と観点を述べ、さらに、(3) 認知心理学に基づく2つの考え方 ── 知識は構成化されるとする理論、および発達や学習は個人のなかにあるのではなく、他者や環境との関係性のなかで起こるとする状況的認知理論を取り上げて、そこから導き出される学習の方法と、それらが現代の教育に対してもつ意味を考える。

第3章 大人主導の発達・学習・教育観
—— 行動主義の学習・教育観

　教育者が主体となり、大人からの働きかけ＝環境の力で子どもの行動を形成しようとする考え方で、大人が教育目標や学習過程を設定し、その過程を大人が統制して適切な反応をするように繰り返し訓練することにより、子どもは適切な行動を形成していくと考える立場である。何も知らず何もできない子どもに対し、よくわかっている大人が、学習過程を準備し統制することにより、効率的に学習は進むと考え、いかにしたら効率的に学習を進められるかが問われる。古くはタブラ・ラサの考え方（人間の心は生まれたときは白紙同様で、経験によって書き込まれていくとする説。哲学者J.ロックが唱えたとされる）がこれにあたるが、心理学では行動主義が、この考え方で学習理論、行動形成の理論を展開した。

1　学習成立の理論 ―― 条件づけ

　行動主義では客観的に観察される行動だけが研究の対象とされる。それは、心の内面の働きは客観的に観察できないので、心理学からは排除されるべきであると考えられたからである。行動主義によれば、すべての行動形成（＝発達）は学習によるのであり、学習とは刺激（stimulus）と反応（response）が連合することであるととらえられる（そのためSR理論ともいわれる）。そしてこの刺激と反応の結びつきの効果は、類似の刺激にまで広がったり（般化）、特定の刺激に限定されるようになったりする（分化）。
　発達・学習とは新たな刺激と反応の連合であり、ある刺激に対して適切な反

応をするようになることである。刺激と反応の連合は適切な反応に褒美を与えるなどして強化することによって生じ、そのメカニズムや手法を**条件づけ**という。行動主義では、どのような刺激状況を準備し、どのような反応が出たときに強化を与えられるかという、「行動随伴性」(behavioral contingency：行動とそれがもたらす効果の関係) によって学習が決まると考える。行動発達や行動変容は、すべて環境のコントロールによるとするのである。J. ワトソンは、「どんな子を与えられても、その子のもつ才能や好みと関係なく、お望み通りの専門家に —— 医者、弁護士、芸術家あるいは泥棒にでも —— 育ててみせる」と言っている。

1-1　2つの条件づけ

条件づけには、「古典的条件づけ」と「道具的条件づけ」があり、どちらも刺激と反応を強化によって連合させるという意味で共通しているが、その成立の過程は以下のように異なっている。

古典的条件づけはI. P. パブロフが提唱したもので、図3-1のように成立する。古典的条件づけの条件反応（学習される反応）は受動的なもので、自分の意志とは関係なく誘発される。そのためこの条件づけは、「レスポンデント条件づけ」ともいわれる。恐れや喜び等、自律神経系の働きに依存する情緒的な反応はこのメカニズムで学習され、さまざまなものに情緒的な反応をするようになっていく（たとえば図3-2は恐れや好きなものが条件づけられていくメカニズムである）。

道具的条件づけはB. F. スキナーが理論化したもので、図3-3のようにして

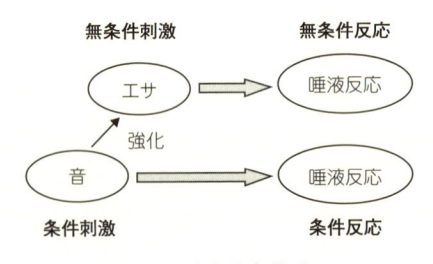

```
無条件刺激              無条件反応
  エサ      ━━▶       唾液反応
   ▲
   │ 強化
   │
   音       ━━▶       唾液反応
条件刺激               条件反応
```

図3-1　古典的条件づけ

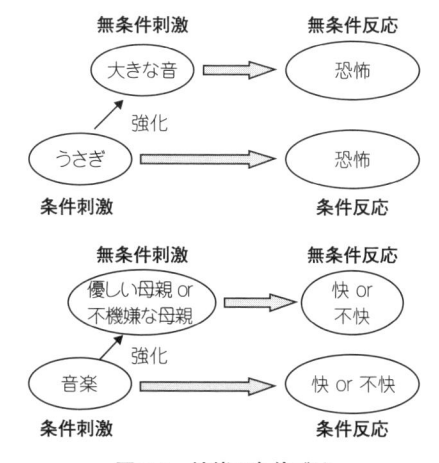

図3-2　情緒の条件づけ

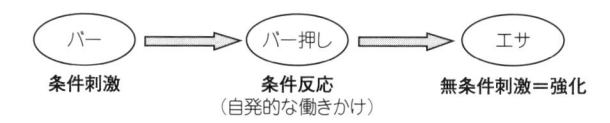

図3-3　道具的条件づけ

　スキナー箱のネズミはSとRを連合させていく。道具的条件づけは反応が誘発される古典的条件づけと違って、ネズミが自分から条件反応を行ったときに強化が与えられる。すなわち反応者の行動が手段となって成立するのであり、反応者が自ら反応することが必要である。自発的に働きかけるという意味で**オペラント**（「操作性」の意味）**条件づけ**ともいわれる。こちらは意志的に行われる動作、外界に働きかける行動に関する学習を説明する理論である。
　2つの条件づけ、そして般化と分化の概念を組み合わせると、さまざまな学習の説明が可能になる。
　行動主義では、子どもは条件づけされるだけの存在、強化によってコントロールされる受動的な存在としてとらえられ、主体性や能動性は考慮されていない。スキナーによれば、図3-4のように、実験者が自分の意志でやっていると思っていることも、見方を変えれば強化によってやっているにすぎないとも考えられ、その意味で人間に自由はないのである（あらゆる人があらゆる人を強

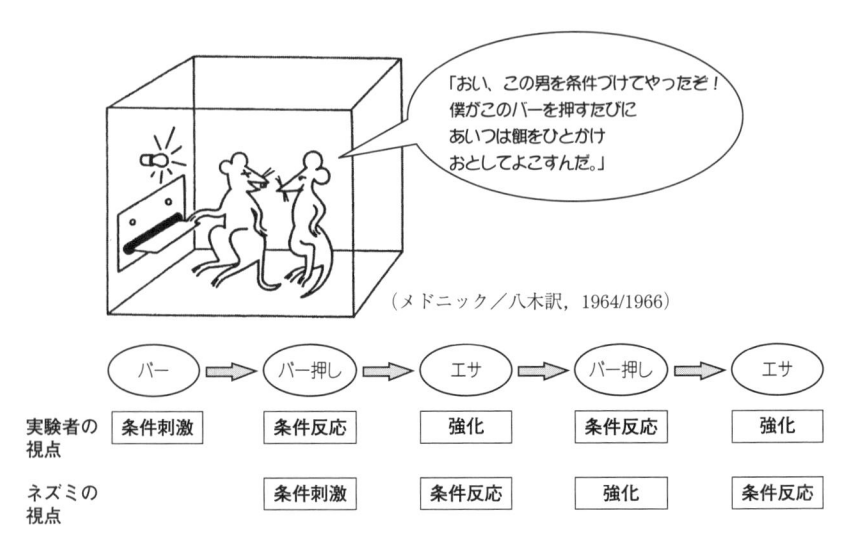

「おい、この男を条件づけてやったぞ！
僕がこのバーを押すたびに
あいつは餌をひとかけ
おとしてよこすんだ。」

（メドニック／八木訳, 1964/1966）

実験者の視点： バー（条件刺激）→ バー押し（条件反応）→ エサ（強化）→ バー押し（条件反応）→ エサ（強化）

ネズミの視点： バー押し（条件刺激）→ エサ（条件反応）→ バー押し（強化）→ エサ（条件反応）

図3-4　スキナー箱のネズミは「バーを見るとバー押しをするようになる」のか、それとも人間が「ネズミのバー押しを見るとエサを出すようになる」のか？

化によってコントロールしている！）。行動主義的に考えれば、主体性や自由意志とは人間の内部にあるのではなく、条件づけの結果、行動の選択肢が増加して、選ぶことが可能になった状態と考えられている。

1-2　行動形成

　スキナーは、いかにして行動形成を進めるかについて多くの検討を行った。そして困難と思える行動であっても、適切なステップを準備し、適切に強化を与えることにより、その行動を引き出すことが可能なことを示した。たとえばハトにその場でぐるりと一回転させることはかなり困難な課題であるが、目標行動に至る（一回転する）には何ができなくてはいけないかを分析し、その活動系列を準備し（図3-5）、目標行動の萌芽に対してタイミングよく強化を与えることによって、できるようになるのである（この手法を**シェイピング（行動形成）**という）。つまり好都合な環境を構成し繰り返し訓練することにより、発達レベルを上げられるとする。実際に動物に曲芸をさせるときには、そのようにして少しずつ目標行動に近づける方法が使われている。

活動系列を準備し、ステップごとにタイミングよく強化していく。

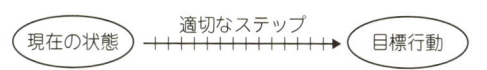

現在の状態 ──適切なステップ→ 目標行動

「ハトに1回転させる」ためのステップ
首を少し右に曲げる→ 首を明確に右に曲げる
→ 首だけでなく、肩も少し右に曲げる
→ 右足も一歩右に出す→ 45度右に向く
→ 90度右に向く→ 180度右に向く→ 270度右に向く
→ 360度右に向く（＝1回転）

図3-5　行動形成

2　教育への応用（1）── プログラム学習

　以上は動物の行動形成であるが、この考え方は子どもの教育にも応用できると考えられる。褒めたり叱ったりして子どもの行動を変更させたり形成させたりすることは、一般的に使われている方法であり、また子どもに何度も繰り返し行動させることでそれを定着化させることも「教育」や「しつけ」の基本的な考え方である（ドリルを繰り返しやらせたり、100桝計算等、学習量が重要とするような学習観がこの例である）。それを厳密に理論化したのが行動主義といえる。

2-1　プログラム学習

　スキナーは、この原理を子どもの学習に使用する**プログラム学習**を提唱した。プログラム学習は、教育の内容や目標を明確に規定して目標行動分析を行い、それに基づいてやさしいものからむずかしいものへとプログラムを組み、系統的に学習を進めていく学習法である。プログラムは以下の原理に基づいて組まれている。

　① **小ステップの原理** ── 正答連続になるように少しずつむずかしくしてい

く。
② **即時強化の原理** —— 学習者の答えの適否がすぐにフィードバックされるようにする。
③ **積極的反応の原理** —— パソコンのリターンキーを押す、ノート式のものに書き込む等、学習者は積極的反応を要請される。
④ **自己ペースの原理** —— 学習者は自分のペースで学習できる。
⑤ **学習者検証の原理** —— プログラムの適否は学習者によって検証される。もしそのプログラムでうまく学習できなければプログラムに問題があると考え、学習結果からプログラムを改善していく。

スキナーがプログラム学習を提唱したのは1950〜1960年代であり、教育状況も物的環境も現在とは全く異なっていたが、上の原理は現在の子どもの学習や教育を考える際にも役立つと思われる。スキナーは一斉授業への批判からプログラム学習を提唱したが、① 個別学習であるため自己ペースででき、個人差に応じた学習が可能、② 一斉授業では自分の答えに対してほとんどフィードバックを得られないのに対して、十分なフィードバックが得られる、③ 積極的反応を要請されるため、課題に参加せざるをえない、④ 1人ひとりの学習者が尊重されている等の利点がある。

公文式の教材はこのような観点から構成されている（学年に関係なく、できるところから取り組み、小ステップで満点が取れるような課題を繰り返し行い、すぐに点をつけて返す（即時強化）というように、プログラム学習の原理に基づいている）。

2-2　CAI

スキナーは個人差として学習の速度だけを考えていたが、それだけでなく、学習のプロセスの個人差を考慮した分岐型のプログラム学習も提唱され、子どもの誤答に応じて学習のプロセスを変えて、最適なプロセスをたどらせることが考案された。何よりもパソコンの普及がスキナーの考えを可能にする方向に働き、プログラム学習は **CAI**（Computer Assisted Instruction）—— コンピュータを利用した教育 —— として現代に蘇った。

コンピュータは、学習者の反応に積極的に**応答する環境**であるため、学習者の個人差に合わせて柔軟に対応することができ、学習の個別化・最適化が可能である。しかし枝分かれしたプログラムを作るためには膨大な作業が必要なため、あまり発展していない。インターネットの普及と共に、コンピュータはプログラム学習としてではなく、むしろ子どもが能動的に学ぶための道具として、またe-ラーニング等、インターネットを使った学習としても使われるようになってきている（第4章参照）。

2-3　プログラム学習やCAIの利点と問題点

　プログラム学習は前述のように1人ひとりを尊重した学習法であり、一斉授業だと置いていかれてしまうような生徒 —— クラスの平均的なところに焦点を合わせられるとついていけない生徒 —— も、自分のペースでやればできるようになるし、できない場合は段階をより細かく分けてやれば（小ステップ）できるようになると考えられる。B. ブルームはこの考え方に基づいて、学習時間を十分に与え、困難時に援助を与えること、到達度評価を使うことで、誰もが確実に学習できるとして、**完全学習**を提唱した。プログラム学習は確実で効率的な学習が可能であり、低学力の子の学業成績の向上も可能である。またフィードバックに優れており、特にパソコンでは視覚的に鮮やかなフィードバックも可能であるため、生徒の満足度も比較的高い。

　一方で学習が人間関係のなかで行われないため、プログラム学習ばかりであると人間的な接触がなくなってしまうこと、「自発的」な反応が要請されるといっても、大人が決めた学習過程をたどるだけで、自ら考えるという主体性や能動性はないし、自分で問題を見つけたり、自らそれを解決するというような力も身につかない。自分で何かを選択するということがなく、与えられた課題を解くだけという型にはまった受動的な学習態度が身についてしまうし、細分化された学習の繰り返しでは全体的な理解につながらない、というような問題点がある。

　ただし個別的知識や概念・法則の学習には優れており、目標が限定されていて比較的短期間に習得できるような基礎的スキルの獲得 —— 読み・計算・単語の習得等 —— には、役立つと思われる。そしてプログラム学習そのものは行わ

ないとしても、その原理は、学習を考えるうえで重要な示唆を与えるものである。

3　教育への応用（2）――行動療法

　行動主義的考え方の教育への応用として、もう1つ行動療法がある。これは学習理論を問題行動の変容に適用させるもので、現在も幅広く使われている。知的学習よりも社会性の領域であるが、適切な行動の形成ということにかかわるので、ここで述べておく。
　問題行動に対して通常とられる心理学的手法は心理カウンセリングであり、問題行動そのものというより、その背後にあるものの見方や感情、自己概念等に焦点を合わせて、それへの対処を行うことが多い。それに対し**行動療法**では、個人の内面や主体的条件は考慮せず、問題行動の直接的な変容が目指される。行動主義においては、すべての行動は学習されると考えられるため、問題行動も誤った学習、あるいは未学習（正しい行動を学習しなかったこと）に起因するととらえられる。そして強化を効果的に与えることによって適切な学習の形成、**再条件づけ**が目指される。図3-6は、問題行動に対するさまざまな行動療法のアプローチと、その治療目標・技法をまとめたものである。

3-1　オペラント療法

　オペラント条件づけを応用したもので、我々の行動様式はオペラント条件づけによって形成され、どのようなときにどのような強化が与えられるかによって決まると考える。パーソナリティも強化の歴史によって形成されるのである。問題行動も望ましくない行動にプラスの強化が与えられ、望ましい行動にマイナスの強化が与えられてきたために起こる。大人は普通そのような強化の与え方はしないが、結果的にそうなってしまう場合がある。たとえば、誰からも構ってもらえないような場合、悪いことをした子を叱ることが、叱る側の意図とは異なり、「注意を向けてくれた」というプラス強化として受け取られる場合

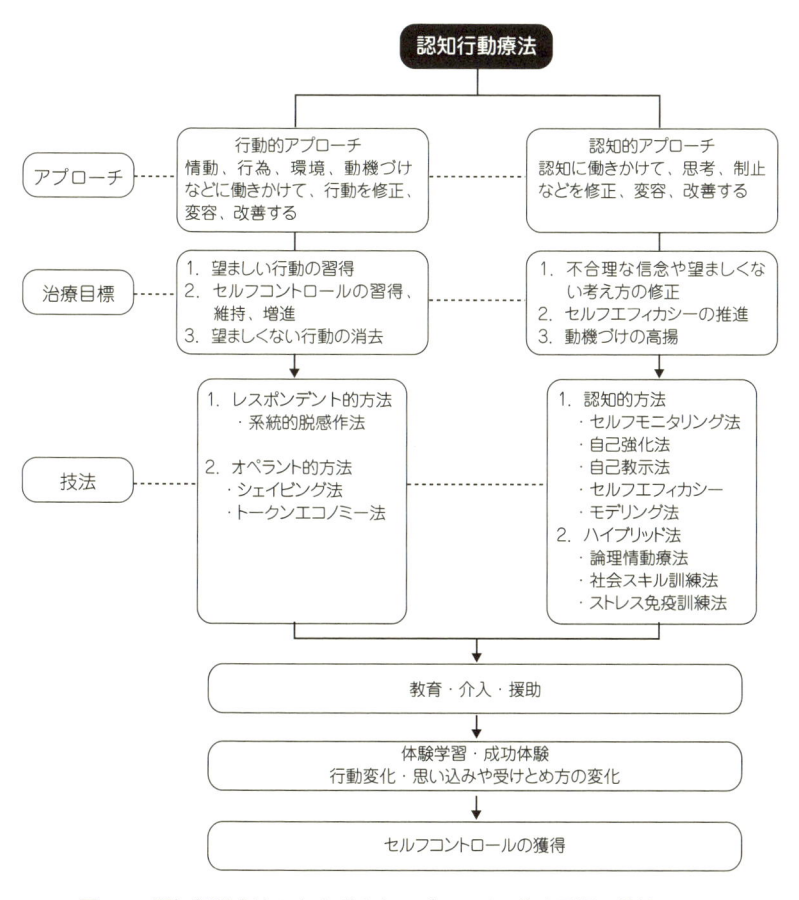

```
認知行動療法
├─ 行動的アプローチ                    認知的アプローチ
│  情動、行為、環境、動機づけ          認知に働きかけて、思考、制止
│  などに働きかけて、行動を修正、      などを修正、変容、改善する
│  変容、改善する

アプローチ

治療目標
   行動的:                            認知的:
   1. 望ましい行動の習得               1. 不合理な信念や望ましくな
   2. セルフコントロールの習得、          い考え方の修正
      維持、増進                      2. セルフエフィカシーの推進
   3. 望ましくない行動の消去           3. 動機づけの高揚

技法
   1. レスポンデント的方法             1. 認知的方法
      ・系統的脱感作法                    ・セルフモニタリング法
                                        ・自己強化法
   2. オペラント的方法                    ・自己教示法
      ・シェイピング法                    ・セルフエフィカシー
      ・トークンエコノミー法              ・モデリング法
                                     2. ハイブリッド法
                                        ・論理情動療法
                                        ・社会スキル訓練法
                                        ・ストレス免疫訓練法

       ↓
   教育・介入・援助
       ↓
   体験学習・成功体験
   行動変化・思い込みや受けとめ方の変化
       ↓
   セルフコントロールの獲得
```

図3-6 認知行動療法のさまざまなアプローチ・治療目標・技法（金, 1999）

もある（表3-1）。したがって問題行動に対処するには、強化の与え方を変えればよいことになる。望ましい行動にプラスの強化、望ましくない行動は無視するのである。

ただし望ましい行動がすぐに自発するわけではない。プラスの強化を与える事態を作り、行動形成していくためには、小ステップの学習プログラムを作る必要がある。そのために目標行動を分析し、下位目標を具体化する。目標行動は「〜ができる」という形で具体的な行動を設定する。はじめはすぐに可能な目標にして、強化を与える事態を作り、少しずつ目標に近づける。表3-2は

表3-1 問題行動と与えられていた強化
（ミルテンバーガー／園山他訳, 2001 / 2006を参考に構成）

問題行動	一般的な強化子
家事をするように言われた子どもが体調が悪いと訴える。	親がその仕事をやってしまう。
知的障害をもつ人が施設を飛び出し、連れ戻そうとしても言うことを聞かない。	戻ってきた時に、職員が清涼飲料水を渡す。
喧嘩になると妻が興奮してわめき散らす。	夫は自分の意見を引っ込め、妻の言う通りにする。
自閉症の子どもが、目の前に手をかざしてヒラヒラさせる。	その行動によって生じる視覚刺激。
親が勉強するように言ってもやろうとしない。	勉強をしないですみ、テレビを見続けられる。
親が勉強するように言ってもやろうとしない。	親は勉強する様に言い続け、優しく諭したり、叱ったりする。

表3-2 「スプーンを使って食べる」ための課題分析 （藤田, 2002）

①イスに座る、②机上の食べ物・飲み物を見比べる、③スプーンを見る、④スプーンに利き手を伸ばす、⑤スプーンを掴む（反対側の手の援助で、食べ物をすくいやすいように持ちかえる）、⑥スプーンを握った手を食べ物に向けて伸ばす、⑦スプーンを食べ物につっこむ、⑧食べ物をすくう、⑨スプーンを水平に保ち口まで運ぶ、⑩口を開ける、⑪食べ物ののった部分を口の中に入れる、⑫口を閉じ、唇でスプーンを包むようにおさえる（はさむ）、⑬スプーンを引き抜く、⑭（次にスプーンで食べ物をすくうまで）引き抜いたスプーンを机に置く等する、⑮食べ物をのみこむ

「スプーンを使って食べる」ためには何が必要なのか、その課題を分析したものである。

身体促進・身振り促進・言語促進等、適切な行動を誘発させる刺激を与えることを「プロンプト」という。適切な行動が自発しないときに、プロンプトを用いて、正反応を引き出し、強化を与える。そして自発するようになるにつれ、徐々にプロンプトをなくしていくことをフェードアウトという。最終的には、プロンプトなしに1人で目標行動ができるようになるのである。

また開始部分から1課題ずつ自分でさせる順行型プログラムと、はじめの方の課題は介助し、終了近くの簡単な行動を自発させ強化を与えて、徐々に介助

表3-3 「スプーンを使って食べる」よう指導する逆行型プログラム（藤田，2002）

St 1. 指導者の「〜ちゃん」の呼名に、指導者と視線を合わせる。→指導者の「ごはん」（または「スプーン」）と言う言語促進と、スプーンへの指さし（身振りによる促進）でスプーンを見る（注視）。→指導者の身体促進（介助）で手をスプーンの方に移動させ、介助でスプーンを握る。→介助により握ったスプーンで介助によって食事をすくう。→食べ物がこぼれないように食べ物ののったスプーンを水平に保つように介助してもらい、介助でそのスプーンを口の方に移動させる。→口を開けたら介助で食べ物を口に入れてもらう。→食べ物を唇でしごき取る。食べ始める（咀嚼を始める）。言語賞賛・頷き・微笑・頭撫で等を受ける（口を開けない場合、口の中に食事ののったスプーンを入れても、唇と歯で食事をしごき取らない場合の指導法としてサブルーチンプログラムを用意しておく必要がある）。

St 2. 同様に、食べ物ののったスプーン（食べ物）が口に触れるくらいのところまで介助してもらい、（それ以降の介助はしてもらわずに）、あとは自分ひとりで食べる。これができたら指導者は賞賛する。

St 3. 口の手前までの介助で、あとは自分で食べる。<u>自分で食べたら指導者は賞賛する</u>（下線部は St 4.以降では省略）。

St 4. 食べ物をすくい終わり、少し口の方に行ったところまでの介助で、あとは自分で食べる。

St 5. 食べ物をすくい終わったところまでの介助で、あとは自分で食べる。

St 6. 食べ物をすくう途中までの介助で、あとは自分で食べる。

St 7. 食べ物をすくい始めるまでの介助で、あとは自分で食べる。

St 8. 食べ物をすくう直前までの介助で、あとは自分で食べる。

St 9. 食べ物の方へいく途中までの介助で、あとは自分で食べる。

St10. スプーンを握らせ、食べ物の方へ動き始めるところまでの介助で、あとは自分で食べる。

St 11. スプーンを握り終わるところまでの介助で、あとは自分で食べる。

St 12. スプーンを握り始めるところまでの介助で、あとは自分で食べる。

St 13. 手がスプーンに近づくまでの介助で、あとは自分で食べる。

St 14. 手がスプーンの方へ動き始めるところまでの介助で、あとは自分で食べる。

St 15. 手に触れるだけの感覚的促進で、あとは自分で食べる。

St 16. 指導者が手でスプーンに触れるだけの視覚的促進を与える。あとは自分で食べる。

St 17. 指導者がスプーンを指さすだけの視覚的促進を与える。あとは自分で食べる。

St 18. 指導者がスプーンに顔を向けるだけの視覚的促進を与える。あとは自分で食べる。

を減らしていく逆行型プログラムがある。表3-3は、「スプーンを使って食べる」ようになるための逆行型プログラムである。オペラント療法は、いかにして適切な行動を自発させるかが重要である。

オペラント療法は幼少なものや障害児に使うことが可能であるし、大人にも使えるが、年長になれば強化を自分で与える自己強化が可能になる。

3-2 系統的脱感作法

レスポンデント条件づけを応用したもので、不安や恐怖に起因する問題行動を変容させる。不安をもってしまうのは誤学習であり、ある状況で不適切な学習をしてしまったわけだが、それを別の条件づけを成立させることで、不適切な連合を解除しようとする。

たとえば学校へ行くといじめや叱責を受けていた子どもが、やがて否定的経験がなくても学校そのものに不安や恐怖をもつようになってしまった場合（図3-7）、まず自律訓練法等によってリラックスした状態を意図的に作れるように練習させる。そして、不安の階層表を作り、小ステップで徐々に不安を解除していく。はじめは不安の程度が低い場面（たとえば、前日に学校へ行く仕度をする）を頭に思い描き、リラックスした状態でいられるようにし、不安のレベルを徐々に上げても（たとえば、ランドセルを背負って玄関に立つ－学校に

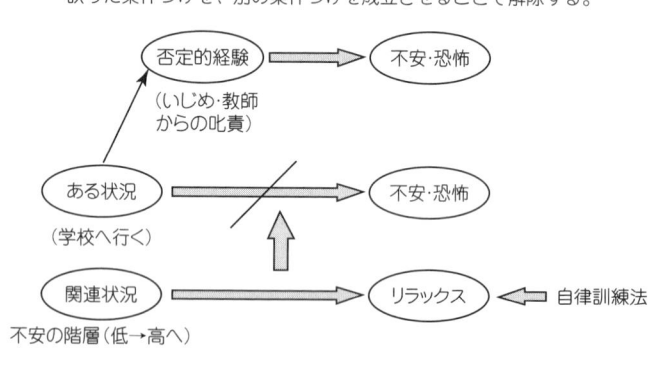

図3-7 系統的脱感作法

向かって通学路を歩く － 校門が見える）、リラックス状態を保てるようにしていくのである。

3-3 論理療法

上記の行動療法は古典的行動主義に基づいて、他者（大人）が行動をコントロールするものだが、新しい行動理論は行動だけでなく、認知や気づきを考慮し、自己の役割を重視する。これが図 3-6 の右側の認知的アプローチである。この方法は、問題行動を行動の問題としてでなく、非合理的な認知等に由来すると考えるもので、主体的な「認知」を問題にするという点で第 4 章に述べる認知発達理論の考え方に近い。しかし、① 条件づけによって誤って学習してしまったととらえ、② それを再条件づけする、という点で行動理論的である。ただし上述の 2 つの行動主義的アプローチが大人により再条件づけされるのに対し、これは自己再条件づけである。

認知療法のうち、社会的スキル訓練法については第Ⅲ部で、またセルフ・モニタリング法は第Ⅳ部で述べることとし、ここでは**論理療法**について述べる。

論理療法は ABC 理論ともいわれ、出来事（Activating event）と結果（Consequence）の間に**信念**（Belief）が介在すると考える。ある経験をし強化を受けたときにそれをどう認知するかが重要で、図 3-8 のように不適切な認

論理療法

ABC 理論
Activating event　　出来事
Belief　　　　　　　信念　rational / irrational
Consequence　　　　結果（感情・行動）

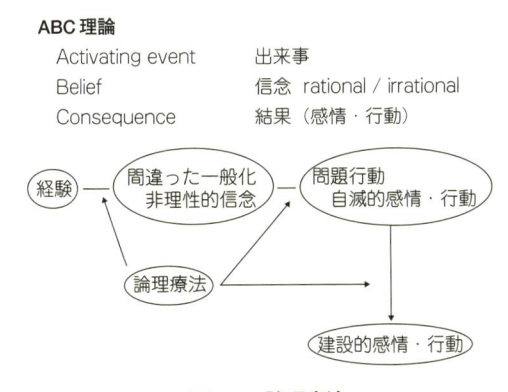

図 3-8 論理療法

表 3-4　経験が自滅的になってしまうときの ABC の例

(エリス&ハーパー／国分他訳, 1975 / 1981 から構成)

A　出来事 − 経験	B　非理性的信念	C　自滅的感情・行動
対人的に何度かヘマ	全ての場でヘマをする	全ての対人的場を回避
取り越し苦労をまたした	取り越し苦労をやめられない	私はダメな人間だ
数学で何回か悪い点	数学ができない	私は馬鹿だ 全てにやる気をなくす
失恋	必ず失恋するのだ	愛がなければ絶望だ

知・非理性的な信念をもってしまうと、それに伴って問題行動や自滅的な感情が生じるとされる。つまり我々は経験を通してさまざまな一般化をし信念をもつが、誤った一般化や非理性的信念をもつこともしばしばある。たとえばある状況でいやな経験をしたとき、いやなことを引き起こしたのはその状況の一部なのに、状況全体に一般化し、無関係な要素まで避けてしまっている場合がある。ある対人的場面で失敗したとき、自分はそのような場面はすべてダメと決めつけて、あらゆる対人場面を避けてしまうような場合である。論理療法は、問題行動に至る過程が非理性的であることに気づかせ、自滅的な感情や行動（＝問題行動）を、建設的な感情や行動に変えるようにさせる。表 3-4 は経験が自滅的なものになってしまうときの ABC の例である。

このような誤った一般化や非理性的信念によって問題が生じることは多く、それに気づくような示唆・助言を与えることは、大人の大きな役割であると思われる。

第4章 子どもの能動性を重視する発達・学習・教育観
—— ピアジェの発達・教育観

　第2章で人間の乳児は自力では生きられない無力な存在であることを述べたが、一方で乳児は有能（competent infant）でもあり、誕生当初から能動的に外界にかかわり、母親に働きかけて母子間のきずなを作る力をもっていることが明らかにされている。子どもは外界からの働きかけを受け、そのなかで行動様式を獲得していくだけの受動的な存在ではなく、自分から外界に働きかける力をもっており、大人からの働きかけとは独立に、能動的・主体的に学ぶ傾向ももっていること、子どもなりのやり方で能動的に外界とかかわるなかで発達することが指摘されている。

　そのように子どもを能動的存在ととらえれば、教育の望ましいあり方も第3章の考え方とは全く異なってくる。大人は教えるのではなく、子どもが能動的に働きかけるように支援する役割を担うことになる。本章では、子どもは能動的・主体的に外界に働きかけ、そのなかで認知発達が能動的に展開していくという見解を初めて理論化したJ. ピアジェの考えと、そこから引き出される大人・教育の役割や学習法について述べる。

1　ピアジェの認知発達理論

　ピアジェによれば、認知とは外界のとらえ方であると同時に、外界への働きかけ方の様式である。そして個体が外界に働きかけ、それに対し外界がフィードバックを返すという個体と外界との相互作用のなかで、働きかけ方やとらえ方が外界に即したより適切なものになっていくことが認知の発達であるとされる。

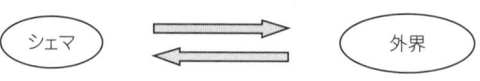

```
        同化（シェマを使って働きかける）
   ┌─────┐    ━━━━▶    ┌─────┐
   │ シェマ │              │ 外界 │
   └─────┘    ◀━━━━    └─────┘
        調節（外界に合わせて修正する）
```

図 4-1　ピアジェのシェマの働き

　ピアジェはそのような相互作用とその結果生じる発達を、シェマによる同化とシェマの調節、同化と調節の均衡という概念によって説明している。**シェマ**とは、外界に働きかけるパターン、外界を認知する際の枠組みであり、認知発達とはシェマが変形することである。我々は外界に対し自分がもつパターンで働きかける（**同化**）が、そのとき同時に、シェマは環境に合うように修正される（**調節**）。そのような同化・調節を繰り返すことによって、同化と調節の**均衡**が増していき、もっぱら自分ができる形で働きかけるという自己中心的なシェマが、外界に即したより適切で客観的なものになっていく（図4-1）。

　シェマによる同化・調節と、その過程で生じる認知の発達をより具体的に説明するために、乳児期の認知のあり方を簡単に述べてみよう。

　ピアジェは認知発達を4つの段階に分けており、乳児期は**感覚運動的知能**をもつとされている。乳児が生まれて初めて使うシェマは生得的な反射——「吸うシェマ」である。我々は唇の周囲に触れたものを吸うという反射をもって生まれるが、それが原初的な世界への対し方なのである。乳児は唇に触れたものは何でも吸うが、これは唇に触れたものを「吸うシェマ」の対象にしてしまうことであり、外界を「吸うシェマ」に同化しているといえる。一方さまざまなものを吸うなかで乳児は、徐々にものに応じた吸い方（強く吸ったり弱く吸ったり）ができるようになっていくし（調節）、全く未分化だった外界が「吸うとおいしいもの」と「吸ってもおいしくないもの」に分化され、おなかが空いているときには「吸うとおいしいもの」だけを吸うようになる（調節）。さらに、自分の身体にもシェマを適用して（第一次循環反応）指を吸うが、その過程で吸うことによって生じる感覚に違いがあることに気づき（吸う感覚だけの場合と、吸われる感覚も伴う場合がある）、「自分に属するもの」と「属さないもの」の区別もできるようになっていく。そこから原初的な身体的自己像が成立すると考えられる。つまり乳児は、外界に働きかけ（運動）、その結果生ず

る外界からのフィードバックを感覚によってとらえ、そのなかで外界への働きかけ方やとらえ方（シェマ）を変えていくのである。

やがて乳児は、「見るシェマ」や「つかむシェマ」も盛んに使うようになる。そして手に触れたものをつかむだけでなく、見たものに手を伸ばしてつかむようになる（目と手の協応、第一次シェマの協調）。つかむことによってそのものは位置を変えるし、それがガラガラであればつかんで振ることによって音が聞こえる。自分の外界への働きかけ（運動）によって起こる感覚を通して、彼らは外界の認知を変えていく。「つかんで放せばものが落ちる」「振れば音がする」という理解は、因果関係の原初的な理解であるといえる。

そして彼らは自分の行動の結果生じたことを再現させようとしてその行動を何度も繰り返し（第二次循環反応）、さらに行動を少し変えることにより、結果がどう変わるか調べたりするようになる（第三次循環反応）。科学者がやっていることの原型である。

つまり乳児がやっていることは、次のようなことといえる。彼にできる様式で外界に働きかける。それを繰り返しやってみる。シェマを新しい場面に適用してみる。働きかけ方を少し変えるとどうなるかを見てみる。そのような試みを通して、シェマを安定化・定着化させ、またフィードバックを得てシェマを調節し、シェマをより均衡のとれたもの、適切でより複雑なものに変えていく。

ピアジェによれば、認知発達はこのような感覚運動的知能から、次の**前操作的知能**へ、そして**具体的操作**、**形式的操作**へと進み（表4-1）、発達と共に論理的思考が可能になっていく。前操作的知能の段階では行動のシェマが表象として内面化し、実際にやってみなくてもイメージや言葉を使うことによって、ものとの直接的なかかわりを超えた思考が可能になる。さらに具体的操作や形式的操作段階では、内面化された論理的操作による思考が可能になる。たとえば具体的操作段階になると、ものの見え方が変わっても本質は変わらないことがわかるようになる（**保存**の理解）（図4-2）。

そのような知覚に頼らない論理的思考は、「可逆性」や「相補性」の操作によって可能になる。つまり「もとに戻す」という対象への働きかけを頭の中で行ったり、2つの次元の働きかけを同時に行える（高くなったけれど狭くなった）ようになると、保存という論理的思考が可能になるのである。

ピアジェの認知発達とは、外界への能動的働きかけの変化であり、外界にさ

表 4-1　ピアジェの認知発達段階

発達段階	概要
感覚運動期 （0〜2歳）	イメージや言語などの表象を使わず、実際に外界に働きかけ、外界からのフィードバックを得ることで、感覚と運動によって外界をとらえる。6つの下位段階がある。
前操作期 （2〜6,7歳）	表象を獲得し、直接目の前にないものを（イメージや言語で）扱えるようになり、働きかけは内面化される。概念化が進むが、思考は直観的で、論理的ではない。象徴的思考と直観的思考の2つの段階に区分される。
具体的操作期 （6,7〜11,12歳）	具体的な対象について論理的思考ができるようになる。但し、具体的な対象を離れると論理的に思考することができない。
形式的操作期 （11,12歳〜　）	内容を離れ、形式的に論理的思考ができる。現実がどうであるかにかかわらず、仮説をたてて検証する仮説演繹的思考が可能になる。

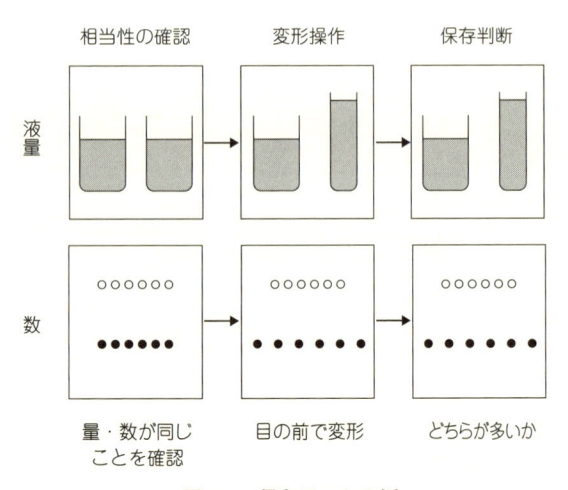

図 4-2　保存テストの例

まざまに働きかけることにより、世界をより整合的に知るようになることである。論理的思考も発生的に見ると個体が対象に働きかける行動であり、それが内面化したものなのである。

2　ピアジェ理論から導かれる大人・教育の役割

　個体は能動的に外界に働きかけ、それに対して外界がフィードバックを返すという個体と外界との相互作用のなかで外界認知が発達するととらえるピアジェの考え方からすれば、子どもの発達における大人の役割はあまり重要ではない。なぜなら、働きかける対象があれば子どもは自ら働きかけ（考え）、そしてその結果を自ら取り込んで発達していくからである。ピアジェ理論から一般的に導き出せる大人の役割は、もともと能動的に起こる子どもの外界とのやりとりが活発に行われるように援助することにすぎず、大人からの援助は不可欠ではない。そしてピアジェはシェマを早く変えさせること（発達促進）を特に重要とは考えていない。それよりも、シェマを十分に使い、さまざまなものに適用させること、子どものそのときの認知様式で外界に十分かかわることを重視している。ただし子どもに環境を与えるのは大人であるのだから、子どもが自ら働きかけようと思える環境、発達が進むような環境を与える役割はあると考えられる。

　そこで、ピアジェ理論から導かれる大人・教育の役割として、次のようなことが考えられよう。

(1)「豊かな環境」「応答的環境」を提供する

　より具体的にいうと、① シェマを適用する対象を準備するなど、働きかけの機会に恵まれた環境を提供する。② 働きかけに対し適切な応答があって、さらに働きかけようとする気持を起こすような対象を準備する、③ 働きかけに対するフィードバックによって働きかけを変えてみようと思うようなさまざまな対象を準備する、ということである。

　たとえば「見るシェマ」「つかむシェマ」を適用する対象が身近にあれば、それを使って外界とのやりとりが起こるが、そのようなものがない環境では外界への働きかけは起こりえない。人手の少ない施設で発達遅滞が起こる理由は、施設児が外界に働きかけ、それに対する外界からの応答を得るという経験が得

にくいことにある(彼らが自由に働きかけられるものや応答性に優れたものがまわりに少ないので、働きかけようと思う機会が少ない)。人手が少なければ、彼らの働きかけに対する応答も貧しくなり(泣いたり笑ったりしても、それに応えてもらえない)、そのことは働きかける気持をそぐだろう。対人的にも対物的にも、働きかけを誘発しないし応答もしない、発達的に不適切な貧しい環境に置かれていることが、子どもの発達遅滞をもたらしているのである(【コラム2-6】参照)。

　子どもの能動性を重視する立場からは、たとえば幼児に絵を描かせたり文字を学習させるために、第3章のように大人が教材を準備して繰り返しやらせて褒めるというやり方ではなく、絵を描いたり文字を読むという活動の対象になりやすいもの(たとえば、画用紙やクレヨン、絵本や文字積み木)をまわりに用意することが重要とされる。シェマを適用する対象を準備し働きかける気持を引き起こすことは、より年長な子の場合は、自ら考えること(自分がもつ認知枠組みを使うこと)を誘発するような教材を用意するということになる。これらのことは、第Ⅳ部で述べる「内発的動機づけ」を引き起こすことと関連している。

(2) 子どもが自ら働きかけ、自ら考えようとすることを励ます

　そのためには、安定感を与えることが重要である。エネルギーを知的な探求に向けるためには、情緒的安定が必要だからである(【コラム4-1】)。またうまくいかなかったり答えを間違ったりしたときも、「やっぱり1人ではできないね」というフィードバックを与えたり、正しい答えを教えてしまったりせず、子どもが自分で考えることを励まし支持する。解決への直接的な働きかけを与えるのでなく、自信をなくしたり、失望したりしないように配慮し、子どもが能動的に取り組んでいることを支持して、そこから学べるように環境を整える。うまくいかないときには方向づけをしたり、適度に援助する。

(3) 子どもが自ら働きかけようとしない場合

　そのようなときは、① モデルの提供、② 意味・意義・見通しを示すこと、が考えられる。自分からやる気はなくても、他者が面白がってやっているとやる気になることがある。他者の行動を見た人がその行動をするようになること

> **コラム** 4-1　安定感と探索

　子どもが外界を探索するのは気持が安定しているときで、恐怖や不安があるときは気持を落ち着かせることにエネルギーを使わざるをえない。H. F. ハーロウは、生後間もないサルを布製と針金製の代理母のもとで育てる実験を行った。すると仔ザルは、針金製の代理母から授乳された場合でも、柔らかく温かい布製の代理母に好んで接触した。そして、こわいものを見て恐怖を覚えると布製の代理母にしがみつき（写真右）、それで安心感を得ると、探索の気持が出てきてこわいものを見ようとした。人間の赤ちゃんも、母親が共にいれば見知らぬ部屋でも探索して遊ぶが、母親がいなければ泣き続けたりする。J. ボールビィは愛着対象が安全基地となって安定感を与え、探索を可能にするとした。このことは乳幼児で典型的に見られるが、成人であっても困難な課題に立ち向かうためには（子どもの安全基地とは違うとしても）心理的安定が必要である。　〔ハーロウ＆メアーズ／梶田他訳，1979/1985.〕

布製の代理母と針金製の代理母

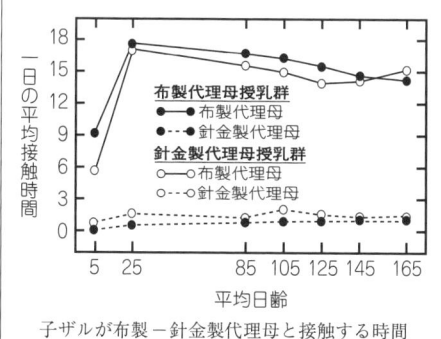

恐怖テスト場面で布製の代理母に示す典型的な反応

子ザルが布製－針金製代理母と接触する時間

〔ハーロウ＆メアーズ／梶田他訳，1979/1985.〕

をモデリングというが（第Ⅲ部第6章参照）、親自身が喜んだり驚いたり、疑問をもったりすると、それを見ていた子どもも同じような行動をするようになる。斎藤孝は、「学びは憧れである」と指摘しているが、誰かに憧れて同じようなことをしたいという気持が学習を進めることは、よくあることである（【コラム4-2】）。

　子どもが能動的にやろうとする大きな理由は、その行動により何かができそうであると思えるからであり、行動の意味や意義がわかっているからであろう。何のためにやっているのかわからないこと、これをやると何ができるのか、何につながっているのかがわからなければ、自ら働きかけようとは思わないだろう。子どもにそれが見えないときは、大人が示してあげる必要がある。文字の学習も、「ともかく文字を覚えた。それから何かを書く」のではなく、まず自分の気持や経験を文字で伝えたいという気持があり、そのために文字の学習が必要であること、この学習がそのことの実現につながるということがわかれば、子どもは能動的に学ぶということである。

　フレネ学校の文字の学習は、そのような理念でなされている（【コラム4-3】）。また山田洋次監督の映画『学校』も、社会の底辺に追いやられていて、学ぶことから遠そうな夜間中学の生徒たちが、よき教師に支えられて能動的に学ぶ様子が描かれているが、その能動性、一生懸命さは、文字を書くことがどのような意味をもつのか、現在の学習が何をもたらすのかがわかることによっている（【コラム4-4】）。

　(2)で述べた「うまくいかない」というのは、思ったようなフィードバックが外界から返ってこない（応答性の問題）ということであるが、フィードバックがないということは、そのように働きかけても意味がない、やり続けてどうなるのか見通しが立たないということにつながっている。【コラム4-5】はそのようなときに大人が意味を与えて、子どもの能動性ややる気を保持した例である。

> **コラム** 4-2　モデリングによる能動的学習

　まわりにいる大人に憧れをもち、その人と同じような生き方をすることは、よく見られる。『わが谷は緑なりき』『ニュー・シネマ・パラダイス』というような古典的な映画にも、大人に憧れ、そのように生きることを目指す子どもの姿が感動的に描かれている。成績がよく他の仕事につけるにもかかわらず、父親と4人の兄が誇りをもってやっていた炭坑夫という仕事 ── 大変でまさに3Kの仕事 ── を選ぶ末っ子のヒュー。あるいは映画を上映する技師に憧れていつもそばで見ていた子どもが、やがて映画を職とするようになっていく。1つのことに熱心に心を傾けている大人のそばにいて、その姿をいつも見ていた子は、やがてそのことに心惹かれるようになり、自分のアイデンティティとして選ぶようになっていく。

　『ウォルター少年と、夏の休日』も、ひ弱なウォルター少年が、元気な2人の老人の行動を見て変わっていく話だし（原題は"Secondhand Lions"）、『9歳の人生』という韓国の小説にも、貧民街の少年が周囲の大人たちの姿に影響されながら強く生きていく様子が描かれている。

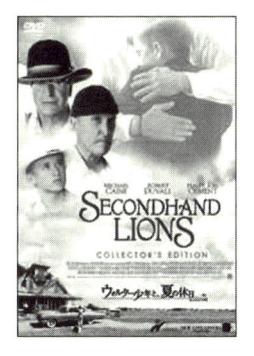

〔『わが谷は緑なりき』J. フォード監督, 1941;『ニュー・シネマ・パラダイス』J. トルナトーレ監督, 1989;『ウォルター少年と、夏の休日』T. マッキャンリーズ監督, 2003;『9歳の人生』ウィ・ギチョル／清水由希子訳, 河出書房新社, 2004.〕

> **コラム 4-3　フレネ学校での文字の学習**
>
> 　子どもの自発性を重視するフレネ学校では、文字の学習は以下のように行われる。
>
> 　まず子どもにお話をさせて、それを教師が文章化する → 子どもはお話を絵に描く → 文章を書き入れて教室に貼る（いろいろな絵を貼る）→（自分や友達が話したことで、絵もあるので読める）→ 読むまねをする → 興味がある言葉を自ら書く → 教師が直す → 正しい文字と綴りの習得。
>
> 　子どもが自分の楽しかった経験を話したところ、それが文字で表わされた。文字というのは消えずに残っていることに気づくと、子どもの心に自分の経験を文字で伝えたいという気持が起こる。そこから文字を覚えたいという意欲がわき、自ら書き写し、教師に直してもらおうとする。アルファベットを1つずつ機械的に練習するのとは違って、学習の目標を子ども自身が明確にもっている。「文字を覚えれば言いたいことを誰にでも伝えられる！」学習が何を目指しているのかが明確で、それが自分のやりたいことであれば、子どもは自発的に熱心に学ぶのである。
>
> 〔佐伯, 1992 参照〕

3　子どもの能動性を重視する学習法

　ピアジェは、子どもが自ら外界に能動的に働きかけ、その過程で発達・学習が起こると考えたが、そのような子どもの能動性を重視する学習法（ピアジェが提唱したわけではないが）について述べる。

3-1　発見学習

　受動的に教わったり、教わったことを覚えるのではなく、子どもが主体的・積極的な思考活動を行うことにより、ものごとの関係や概念を理解する学習法である。学習とはものごとのとらえ方や理解の仕方の変化であり、認知構造や

コラム 4-4　能動的な学び ――『学校』

　事情があって中学に行けなかった人、在日外国人、不登校、落ちこぼれてしまった人が学ぶ夜間中学の話である。字も書けず、差別され、社会の底辺に追いやられるような、学ぶことから遠そうな人たちだが、それでも、それだからこそ、学びにきている。彼らを支援する黒井先生とのかかわりのなかで、夜間中学の生徒たちが能動的に学ぶ様子、学ぶようになる様子が描かれている。

　自分は頭が悪いからといって、カタカナを積極的に学ぼうとしないイノさん。しかし練習時に「オグリキャップ」と書くようにいわれると、競馬好きのイノさんは張り切って書く。読み書きができなくて苦労してきた金さんは、練習の手紙を初めて投函し、先生のところに着いたことを知らされ、また先生に「あなたの字は立派に世間に通用するよ」と言われて涙を流す。

　免許が取れるようになりたいという思いから頑張っているが、なかなか手紙を書かないイノさんは、先生から「口では言えない思いを伝えられる」と言われて、田島先生にラブレターを書く。1字1字定規を使って、汗を流しながら一生懸命に書くイノさん。ところがプロポーズの文面に困った田島先生は黒井先生に相談し、黒井先生からイノさんに話すことになる。イノさん、田島先生の所に着くはずの手紙をなぜ黒井先生がもっているのかと怒り出す……。

　文字を書くことがどのような意味をもつのか、現在の学習が何をもたらすのかがわかると、彼らはこんなに一生懸命になり、こんなにその学びを喜ぶのだということが伝わる。人間は状況次第では、能動的に学ぶ存在なのだ。

〔『学校』山田洋次監督, 1993.〕

> **コラム 4-5　ないところに応答的環境を作り出す**
> **――『ライフ・イズ・ビューティフル』**
>
> 　やったことに応じて何かが返ってくるという応答性が全くない、苛酷で絶望的な状況に挫けずに生きた親子の話である。イタリア系のユダヤ人の父親グイドと息子ジョズエは、強制収容所で苛酷な生活を強いられる。暗澹たる表情の大人たちに囲まれて不安気なジョズエに、父親は笑顔で陽気に振る舞って安心させる。そして嘘をつくことによって、一生懸命やっても何の成果もない状況を変えてしまう。「すべてゲームなんだよ。今日は頑張ったから〇点獲得したよ。1000点を取って一等になったら、戦車が来てお母さんに会えるよ。」何一つやったことに対するフィードバックがない状況、つらいことばかりの状況で、父親は「獲得ポイント制」を導入して応答的環境を作り出し、毎日成果を認め、励ます。苛酷な生活はすべてゲームで、（今すぐ成果はなくても）それを切り抜ければ大きな成果があると、息子に希望をもたせ続ける（全く見通しが立たず、何の意味もないように思える現在の行動が、将来に向かって意味をもつかのように思わせてしまう）。
>
> 　父親は命がけで嘘をつき続け（結局殺されてしまう）、息子は1000点を取って「勝ったよ！　戦車でおうちへ帰れるよ」と言って、本当に戦車で救出される。（なお父親グイド自身が挫けなかったのも、何とかジョズエを生き延びさせたいという思いと共に、毎日得点が増え、ジョズエがそれを喜ぶという応答性を、虚構であるにもかかわらず現実に経験することができたからだと考えられる。）
>
> 〔『ライフ・イズ・ビューティフル』R. ベニーニ監督, 1997.〕

知識の構造の変化であると考える立場に立っている。

　生徒が日頃、疑問に思っていることを取り上げてなぜかを考えたり調べたりする問題解決学習や発見法が古くから知られていたが、1960年代に J. ブルーナーが、身のまわりの問題だけではなく、科学の基礎的な学習に使うことを目指して提唱した。

発見学習は設定された問題場面から子どもたちが自分で問題を見つけ、それについて仮説を立て、検証して結論を出すという手順で行われるが、これはまさに科学者が行う手順であり、科学的発見のプロセスをたどることでもある。子どもは自分がもつ知識を総動員してこのプロセスに主体的に取り組み、発見によって学習が進行する。つまり自分の知識を使って考え、問題解決をするなかで、その知識を修正していく。

　この学習法の利点は、① うまくいったときには、「わかる」ことの楽しさを経験でき、内発的学習になる、② 自分で考えるため、保持・転移に優れている、③ 学び方や発見のコツ、ねばり強い思考力を習得できることにある。短所は多くの時間がかかるし、学習を成功させることがむずかしい点である。子どもの主体性にまかせて、結局何も学ばなかったということが起こりうる。教師が事前に綿密・適切な教材研究を行い、発見に至りやすいような教材を準備する必要があるし、子どもの現在の知識や考え方を把握し、「わかる」ためにはどのような基礎知識が必要かを検討して、それを事前に与えておくことや、適切な誘導・方向づけをすることが必要である。失敗を重ねてしまえば前述の利点はなくなり、それどころか、「どうせ考えても無駄」ということを学んでしまう可能性もある。

3-2　仮説実験授業

　発見学習はなかなか実践がむずかしい学習法であるが、板倉聖宣はそれをパターン化した「仮説実験授業」を提唱している。仮説実験授業は理科の実験時に用いられる場合が多いが、実験の前に問題場面について予想を立てさせ、討議をさせてから実験で確かめる。

　教師は学ばせたいことを含む問題場面を提示するが、子どもたちのもつ知識で考えるといろいろな予想が出そうな場面を設定する。皆の（バラバラの）予想を示し、なぜそう思うのか、各自に理由を発表してもらう。他者に向かって自分の考えを述べることは自分の考えを明確化することになるし、自分の考えと違う他者の考えを聞くことで、自分の考えの不十分さに気づき、自分の考えを再検討することになる。単なる予想だったものが、授業が進むなかで根拠を明確に説明しうる仮説になっていく。図4-3は重さの保存に関する授業の例で

〔問題　1〕
　みなさんは、身体けんさで体重をはかったことがありますね。そのとき、はかりの上に両足で立つのと、片足で立つのと、しゃがんでふんばったときとでは、重さはどうなるでしょう。

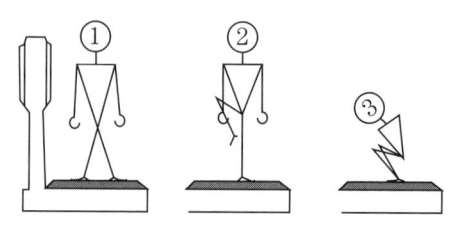

ア　両足で立っているときが一番重くなる。
イ　片足で立っているときが一番重くなる。
ウ　しゃがんでふんばったときが一番重い。
エ　どれもみな同じでかわらない。

　あなたの予想に○をつけなさい。ア　イ　ウ　エの予想をたてた人はそれぞれ何人いるでしょう。
　みんなはどうしてそう思うのでしょう。いろいろな考えをだしあってから、じっさいにたしかめてみることにしましょう。はかりは針がきちんと止まってから目盛をよみます。

実験の結果

図4-3　重さの保存に関する仮説実験授業のテキスト（授業書『ものとその重さ』）

ある。
　子どもたちは自分のもつ知識を使って主体的な思考活動を行うが、そこに子ども同士の相互作用——しかも自分と異なる考え方の他者とのやりとり——が入ることで、思考活動がより活発になる。そしてその過程で新たな情報を得て、より適切な知識をもつようになる。最終的に実験で答えを確かめ、結論に至る。

仮説実験授業は主体的思考活動により科学的知識を得ていく学習であるが、科学的認識は社会的であり、いろいろな考え方に触れるなかで形成されるという考えに立っているといえる。

仮説実験授業は知的興味がわく、楽しいというような受け止め方が多い。また十分に自分の考えを練るため、実験の意味を深く理解し、記憶や保持においても優れているという報告がある。しかし一方で、実験結果がわかっても必ずしも理論的にわかったとはいえないとする批判もある。

3-3 オープン・スクール

イギリスの幼児学校で始まり、19世紀後半にアメリカで発展した学習法である。開かれた学校、壁のない学校といわれるように、学年・クラス・時間割をもたず、また教科の枠もなく、子どもが自分のペースで自分で学習計画を立て、能動的に学ぶ。教師も固定的でなく複数で各コーナーに控えていたり、学校内に限らず保護者や地域社会の人が協力したり、さまざまな側面で「壁」がない。

広いオープン・スペースに教材を準備しておき、子どもの自発的な学習を援助する。子どもは能動的に学ぶということが前提であり、教師は知識の教授等はしない。基本的に子どもの自由にまかせるが、オリエンテーションをしたり目標のリストをあげる等、ある程度の方向性は与える。大人の役割は、環境を整えて環境との交渉を促すこと、うまくいかないときに援助することで、まさに2節で述べた役割である。

利点としては、表4-2にあるように態度的側面でよい効果が見られており、また自己決定を迫られるため、自分の意志で学習していくという自己教育力や独立性が身につくし、わからないときに教師や仲間に援助を求めたり、協力して学習するなかで人間関係の学習もできることがあげられる。

欠点は自分の好きなことだけをやることになり、基礎学力がつかないことであり、オープン・スクールの形態だけになると問題になると思われる。

表4-2　オープン教育と伝統的指導の比較　(梶田, 1983)

変数　(研究数)		オープン優位	伝統優位	差なし	効果混合
学業成績	(102)	14%	12%	46%	28%
自己概念	(61)	25	3	47	25
学校への態度	(57)	40	4	32	25
創造性	(33)	36	0	33	30
独立性と同調性	(23)	78	4	9	9
好奇心	(14)	43	0	21	36
不安と適応	(39)	26	13	31	31
内的統制	(24)	25	4	54	17
協調性	(9)	67	0	22	11
全体	(平均)	39	4	33	24

3-4　総合的学習

「自ら学び考える力」を目指すゆとり教育の中心的な学習法で、小・中学校は2002年、高校は2003年から実施された。教科を超えた総合的な視点から、課題を設定し、体験的学習や問題解決的学習を行い、それを通して子どもが主体的に学習に取り組む態度を育成する。子どもは自分で情報を集めてそれらをまとめ、レポートにしたり発表したりする。内容の学習をすると同時に、情報を集めて考えながらそれをまとめるという学習の仕方や問題への取り組み方を習得する（習得が目指されている技能は表4-3の通りである）。国際理解、環境、

表4-3　総合的学習で育てるべき技能　(田中, 1999；新井, 2000参照)

[知る力]
　①観察力・記録力・分析力　②調査研究能力
[創る力]
　③作品制作力　④メディアリテラシー
[表す力]
　⑤コミュニケーション　⑥総合表現力
[関わる力]
　⑦ネットワークリテラシー　⑧ボランティアの実践力
[律する力]
　⑨学習計画力　⑩学習評価力

健康と福祉、情報など、児童の関心にもとづく課題や、地域や学校の特色に応じた課題、職業や自己理解等についての学習も多い。

総合的学習の実践例は数多く報告されているが、たとえば職業理解では、老人ホームに行って介護の仕事を見たり実際にやったりする、職員にインタヴューする、老人が置かれている状況を理解するために、視力を弱める眼鏡をかけたり、車椅子の模擬体験をする等、さまざまな体験学習がなされている。また国際理解では、地域の留学生に来てもらい話を聞き、また日本の行事を紹介し共に参加してみたり、外国の中学校とインターネットでやりとりし、相互の文化や社会の理解を図る実践も報告されている（表4-4）。この実践は英語は大学生に手伝ってもらっているが、社会の学習だけでなく英語の学習にもなっており、教科を超えた総合的な視点からの主体的・能動的学びといえる。そしてその学びは学校を超えた実践的学びであり、仲間と協力し、遠隔地の異なる文化

表4-4　総合的学習　── 電子メールを活用したドイツとの協同的学習（中学2年生）

	活動内容	指導上の留意点
5月〜7月	・自分たちのライフ・スタイルや文化についてクイズを出し合う ・自分の趣味や特技についての自己紹介	簡単な解説をつけるようにする 日常的なテーマを主体とする 英語の翻訳は大学生や英語科の教師の協力を得る
9月	・社会問題の交換 　相手からの説明を読む 　質問に答える	送られてくるメールに対する返事を考え書くことが中心
10月	・写真やビデオを通した交流 　学校や地域の様子について視聴する	写真やビデオを通して文化の違いを把握する
11月〜12月	・写真を文化祭で紹介 ・学校生活の取り組み、地域の様子、伝統的行事についての写真と英文のコメントを送る ・ビデオレター作り ・教師を介さず個人のアドレスから発信	英文のメールについては、英文手紙の書き方や実例集の本を貸し与える
1月〜3月	・成果のまとめとそのためのドイツへの質問 ・学習成果の発表	探求内容に即した形で質問したり回答を依頼する ドイツに対する意識の変化や学んだことを記述させる

大阪教育大学教育学部附属平野中学校の実践事例　1999 より構成
http://web3.cec.or.jp/jissenjirei/public/jyugyou_jissen/CEC00797_0.html

圏の者と情報を交換し、学校以外の人の助けも借りて行われている（第5章の2節参照）。

4　行動主義的考え方とピアジェ的考え方の比較、および併用の必要性

　第3章と第4章で述べた考え方の学習観、教育観や、失敗の原因のとらえ方、長所と問題点を表4-5にまとめた。子どもが間違えてしまった場合の対処の仕方や、学習がうまく進まない、落ちこぼれてしまった子がいる場合の原因の求め方やそれへの対処が、全く異なっている。

　子どもは多面性をもっていて、受動的な反応体である場合も能動的な主体である場合もあるだろうが、基本的には受動的な反応体としてとらえて大人が主導するよりも、能動的な主体としてとらえた上で教育した方が望ましいと思われる。しかし自主性・主体性の重視が体験主義になり「自主的にやっていればよい」というように子どもまかせになると、何を学んだのかわからなくなる場合もある。教材や教育内容をしっかり検討し、部分的に大人主導を取り入れることも必要だろう。

表4-5　大人主導と子どもの能動性重視の学習法の対比

	大人主導	子どもの能動性重視
学習観	教育者による学習過程の制御 目標・達成・評価モデル	子どもの外界への主体的かかわりの中での変化 主題・探求・表現モデル（佐藤学）
教育観	知識・技術の習得（できる） 知識を教える、伝達 誤りの指摘	知識・思考の変化（わかる） わかることの援助 誤りに気づかせる
失敗の原因	授業ペースがあわない 相対評価	主体的な思考をさせない教材
長所	確実、効率的	能動的・主体的 問題解決能力
問題点	×問題解決能力 受動的な学習態度	基礎学力がつかない

さらに子どもが以下のような場合は、大人が主導し、時には強制的にやらせたり止めたりすることも必要になると考えられる。

（1）子どもの能動的な働きかけが危険であったり、自他に破壊や危害を及ぼす場合

このような場合は、ときには強制的に止めることも必要になる。

（2）やって面白いことは自発的に出てくるが、誘発しても自発的に出てこない場合で、かつその働きかけが必要とされる場合

第Ⅲ部で述べる問題になるが、基本的生活習慣や社会的ルール等は社会生活をおくる上で必要であるため、自主的にやろうとしない場合は大人が主導的に行動形成することも必要となる。第Ⅱ部にかかわる問題としては、たとえば文字の使用は基本的な技能であり、その習得により字が書けるようになり、また「本を読む」という豊かな働きかけや情報収集が可能になるため、誰もが習得する必要がある。文字は身のまわりにたくさんあり、まわりの人がそれを使っていることもわかるので、多くの場合子どもはそれを学ぼうとすると考えられるが、視覚に障害がある子は文字の存在を知る機会がないため、学習の動機づけは起こりにくい。点字の学習も自発的には起こりにくく、そのような場合は大人がプログラムを考え、学習させる必要がある。

（3）自発性だけではうまくいかない場合

効果的な行動ができれば、外界からのフィードバックを得ることができ、さらにやろうとして自発的な学習が進むが、それが苦手でできない場合や、スランプにおちいってそれまでのように進まなくなってしまった場合は、子どもにまかせておくのではなく、大人が学習過程を準備し、徐々にできるようにしていくことが必要になる。また歪んだ学習をしてしまった場合も、状況に応じて強力な介入が必要になる。

また繰り返し訓練をし、ある程度学習が進んで初めて面白さがわかるような高度な技術や技能が必要な活動（音楽やスポーツ、高度な知的活動）に関しては、学習の初期には効果的な行動ができないため、子どもにとっては面白くなく、自発的にやる気にならない。初期には自発性だけではなく、大人からのフィードバックや指導が必要である。

全体的に、1人でもうまくいくような課題であったりうまくいく状況であるときには、子どもの能動性にまかせ、大人はその過程を援助するにとどめる。

> **コラム 4-6　大人の指導の必要性 ──『リトル・ダンサー』**
>
> 　子どもが自らやろうとするときには、大人が特に指導しなくても子どもは能動的に学んでいく。うまくいくときには、1人でもさらに上達していくことも可能である。しかしうまくいかなくなってしまったときには、大人が援助したり指導することが必要になるし、ときには強制的にやらせて学習の過程が進むようにしなくてはならない。
>
> 　『リトル・ダンサー』という映画は、主人公の男の子ビリーがバレエに心惹かれるようになり、（反対する家族に隠れて）バレエ教室の教師の指導のもと、熱心に練習をして、バレエ学校の入学試験に合格し、やがて有名なダンサーになる話である。
>
> 　ビリーがその才能を花開かせたのは、才能を見抜いてそれを伸ばすための環境を全力をあげて整え、教え導いてくれた教師と、はじめは反対していたがその熱意と才能を知ると、自分の信念を曲げてスト破りまでして協力する炭坑労働者の父親の助力のゆえであることが描かれた作品である。そのような環境整備的な大人の役割と同時に、ときには強制的に練習させることの必要性も描かれている。彼はバレエへの熱い思いをもち、取り憑かれたように練習するのだが、何度やってもうまくいかないときには、やる気をなくして教師に悪態をついたりする。それに対して教師は、毅然として厳しい練習を課している。
>
> 〔『リトル・ダンサー』S. ダルドリー監督, 2000.〕

　一方子どもの能動性にまかせるだけではうまくいかない場合、望ましい方向に向かない場合は、大人が適切な学習過程を準備し、強化を与えることにより適切な行動を形成し、子どもが自発的に働きかける基盤を作ることが必要といえる（【コラム 4-6】）。

　高等養護学校での出来事を描いた映画『学校Ⅱ』では、少年の気持を配慮し能動性や自主性を重視して教育をしようとする教師と、力ずくでもやるべきことをやらせようとする教師が登場する。危険な行動をし、力で押さえ込んでも効果はなく、誘発しても望ましい行動が出てこない重い障害児に、3人の教師

が一生懸命かかわる。あきらめかけていたとき、2人の少年に思いがけない変化が起こる。人を変えるものは何か、子どもが変わることを支援する教育とは何かが感動的に描かれている（【コラム4-7】）。

> **コラム 4-7　なぜ2人の少年は立ち直ったのか──『学校Ⅱ』**
>
> 　高等養護学校の入学式、それぞれ異なった障害をもつ9人の生徒が1年F組のメンバーとなる。養護学校での経験が豊かなベテランの竜先生と玲子先生、それに大学を卒業したばかりの新米の小林先生の3人がチームを組んで担当する。
> 　重度の障害児のユウヤは自分をコントロールすることができず、教室を飛び出し、さまざまな騒動を引き起こす。担当となった小林先生を中心に、3人の先生がそれぞれのやり方でかかわる。竜先生と玲子先生は子どもたちの気持を理解し、子どもの気持に寄り添った対応をしようとする一方、小林先生は力ずくでユウヤの問題行動を押さえ込み、強制的に学習を強いる。彼は普通高校に就職できず仕方なく養護学校にやってきた教師なのだが、ユウヤを少しでも勉強するようにさせたいと、彼なりに奮闘する。しかしユウヤは騒動を引き起こし続け、教師たちは困り果ててしまう。やはりユウヤの母親が危惧したように、彼には学校は無理なのかと思い始める。一方のタカシは、中学のときに受けたいじめと差別が原因で緘黙症になり、一切口をきかない。好きなトラックの写真をじっと見ているだけで、引きこもっている。学習はきちんとするが、一言もしゃべらないままであった。
> 　2学期になったある日、ダウン症のもとこちゃんが初めて書いた作文を玲子先生が読み上げ、皆が感動し喜んでいると、ユウヤがその作文を取って破こうとする。クラス全体が騒然となったとき、それまで一言もしゃべらなかったタカシが、突然、ユウヤに向かって「やめろ」「静かに勉強しろ」「わかったら『はい』と言いなさい」と叫ぶ。皆が唖然としているなか、暴れていたユウヤが「はい」と言って手を上げ、イスに戻って勉強を始める。
> 　その後ユウヤはタカシを「お兄ちゃん」と言って慕うようになり、タカシ

が「やめろ」「勉強しろ」と言うと素直に従うようになる。教室でも騒動を起こすことなく、いつもタカシのとなりで、彼なりに学習をするようになる。タカシはユウヤを変えたこと、彼が自分を慕い自分の言うことだけは聞くことから自信をもち、変わっていく。「ユウヤには人を変える力がある」「学校というところはこういうことが起こる」という校長の言葉が印象的である。

　ＤＶＤを見て、次の問いに答えてみてほしい。
　・なぜユウヤはタカシの言葉に従ったのか。
　・なぜタカシは口をきいたのか。
　・３人の先生のかかわりは、上記のことにどう関連しているか。
　　　　　　〔『学校Ⅱ』山田洋次監督, 1996; 山岸, 2006.〕

第5章 子どもの能動性と大人の役割の両者を重視する発達・学習・教育観
── 認知心理学の立場

　行動主義がSR理論といわれ、客観的に測定できる刺激と反応だけから学習を考えるのに対して、SとRの間に内的認知過程を介在させる考え方も認知理論やピアジェ理論としてあったが、1970年代頃から認知主義的な新しい考え方として認知心理学が急速に盛んになった。これには、コンピュータが進歩し、情報処理技術が発展したことが大いに関係している。

　認知心理学では、人間の認知過程とは情報＝知識がインプットされ、処理されていく過程ととらえ、学習や理解を情報処理モデルによって記述しようとする。認知を考えるということは、刺激をどう受け取るかを問題とすることであって、我々は刺激をそのまま受け取るのではなくそれに能動的に対処し、主体的に変換するということが前提とされている。教育に関しては、人間を知識を構成化する能動的・主体的存在ととらえ、そして構成化や認知活動が行われる仕組みを厳密に検討し、そこにかかわる大人の役割を積極的に考える立場といえる。

　1980年代には、認知や学習は個人のなかにあるのではなく、社会システム全体のなかで分かちもたれており、学習は他者・環境との関係のなかで、状況のなかで起こるとする「状況的認知理論」が台頭した。知識の獲得は社会や文化に実践的に参加することによると考え、子どもが主体的に他者・環境とかかわることを重視し、かつ文化を伝える大人の役割を重視する。

　この2つの立場は認知を問題にするとはいえ、異なった立場であるが、本書の観点から見ると、子どもの能動性・主体性を考慮する一方で大人の役割も重視するという点で共通性があるので、この第5章で述べる。

1　知識の構成化の理論

1-1　知識の獲得の過程 ── スキーマ

　我々はさまざまな知識を経験を通して獲得しているが、それらの知識は断片的にバラバラに保持されているのではなく、それぞれ関係づけられ体制化された上で保持されている。そのような構造化された知識は、認知心理学では**スキーマ**（schema）と呼ばれている。それはあることについての個々の知識ではなく、一般化された知識で、たとえば「物語」のスキーマとはある物語の内容そのものではなく、「物語にはまず設定があり、時間、場所、登場人物などが述べられ（「昔々、ある所に、誰々がいた」）、主題、筋書き、解決が述べられる」というような、物語一般についてのまとまりをもった知識である。我々は物語を読むとき、そのような「物語」のスキーマを使い、この人が主人公でこのようなテーマで話が進むのだなという予想をもって読んでいく。情報の取り入れは、自分がもっているスキーマに関連づける形でなされるのであり、我々はさまざまなスキーマを使ってものごとを理解し、考えるのである。

　たとえば図5-1が「誰の指輪」と読めるのは、我々が日本語のスキーマをもっていて、「だ」の次にくるのは「わ」でなく「れ」であり、「ゆび」の次にくるのは「れ」でなく「わ」だと判断できるからなのである。我々がもつ日本語のスキーマは十分に構造化されているので、かなりの悪筆でも読めるが、日本語を学習中の外国人や字を覚えたての幼児であれば、「れ」なのか「わ」なのか迷ってしまうだろう。ワープロの漢字変換で「荷物が思い」になってしまったり「片重い」になってしまったりするのも、ワープロの辞書がまだ我々がもつ日本語のスキーマほど洗練されたスキーマをもっていないからである。一方で我々はスキーマを使って読むために、間違っていても読めてしまい、校正において誤字を見逃してしまうことにもなる。あるいは英語の歌を聴いてもさっぱり意味がわからないとき、その歌が失恋の歌だと聞かされると、急に単語が聴き取れたりすることがある。これも「失恋の歌」と聞くことにより、失恋の

スキーマが使えるようになったためと考えられる。

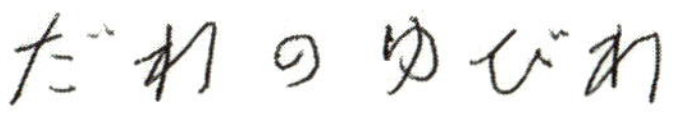

だれ の ゆびわ

図 5-1　読みとスキーマ

　情報の取り入れはスキーマと関連づけてなされるが、情報がスキーマに取り入れられるとき、同時にスキーマは変化する。新しいものが付け加わると、全体の構造が変わるからである。つまり知識の獲得の過程とは、スキーマによる情報の同化と、スキーマの調節であるといえる。学習が進行し、知識が獲得されるにつれ、スキーマは調節されて、より構造化されたものになっていく。

　したがって知識獲得の過程は、学習者のスキーマがどのようなものであるかによって異なることになる。十分に構造化されたスキーマをもつ人は、たくさんの情報を素速く理解し記憶することができる一方、スキーマがまだ十分に構造化されていない、あるいは情報を取り入れるスキーマをもっていない人にとっては、その情報を効率的に取り入れることはむずかしいだろう。自分の専門で読みなれている領域の本は読みやすいが、よく知らない領域の本はなかなか読めないということはよく経験することである。エキスパートと素人の違いは、スキーマの構造化の程度や知識の量の違いであり、それが情報の取り入れや理解や記憶に影響する。またどのようなスキーマを使うかによって情報の受け取り方は異なる。

　ある１人の男の人の朝の光景を描いた次の文章を読んで、下の問いについて答えてみてほしい。

　　男は鏡の前に立ち、髪をとかした。剃り残しはないかと丹念に顔をチェックし、地味なネクタイを締めた。朝食の席で新聞を丹念に読み、コーヒーを飲みながら妻と洗濯機を買うかどうかについて論議した。それから何本か電話をかけた。家を出ながら、子どもたちは夏のキャンプにまた行きたがるだろうなと考えた。車が動かなかったので、降りてバス停に向かって歩いた。(Bransford & Johnson, 1973; 西林, 2005 より)

　彼が読んだ新聞欄は何か。電話の内容はどのようなものだと思うか。彼は洗

表 5-1 「失業者」と聞かされたときと「株仲買人」と聞かされたときの判断 (西林, 2005)

	失業者	株仲買人
新聞の読んだ欄	求人欄	株式欄、政治経済欄
地味なネクタイ	面接のため	それが日常
電話の内容	面接の約束	売り買いの指示 or 勧誘
洗濯機の購入	しない	する

濯機を買うだろうか。子どもたちを夏のキャンプに連れていくだろうか。

この判断は、彼が「失業者」と聞かされたときと、「株仲買人」と聞かされたときとでは全く異なったものになると思われる（表 5-1）。「失業者」「株仲買人」のスキーマを使うことにより、同じ情報が異なってとらえられるからである。

そのように知識獲得の過程が学習者のスキーマによって異なるのであれば、学習に際して学習者のスキーマを考慮することが必要になる。学習者がもっているスキーマに合う形で情報を提示すればわかりやすいし、情報と関連するスキーマをあらかじめ引き出させておくことも、知識獲得の過程を促進すると考えられる。

たとえば次の文章を読んでみてほしい。

　　新聞の方が雑誌よりもいい。街中よりも海岸の方が場所としていい。最初は歩くより走る方がいい。何度もトライしなくてはならないだろう。ちょっとしたコツがいるが、つかむのはやさしい。小さな子どもでも楽しめる。一度成功すると面倒は少ない。鳥が近づきすぎることはめったにない。ただ、雨はすぐにしみ込む。多すぎる人がこれを一斉にやると面倒がおきうる。1 つについてかなりのスペースがいる。面倒がなければ、のどかなものである。……（Bransford & Johnson, 1972; 西林, 2005 より）

特にむずかしいことを言っているわけではないのだが、関係づけるスキーマが見つけにくいためにわかりにくく、覚えるのもむずかしい。ところがこれは「凧揚げ」についての文章だとあらかじめ言われると、途端にわかりやすくなる。「凧揚げ」というスキーマを引き出しておくことにより、個々の細かい情報が意味をもって取り入れられやすくなるからである。

新曜社 新刊の御案内

Jun.2010〜Oct.2010

■新刊

馬場公彦
戦後日本人の中国像 日本敗戦から文化大革命・日中復交まで

「超大国」中国をかつて日本人はどう認識したか。国共内戦、中華人民共和国の成立，文化大革命，日中国交回復……。国交断絶後の中国の大変動を，メディアの記述と論者の丹念な分析を通して探る「日本人の他者理解」のあり方。日中問題理解に必携の書。　Ａ５判724頁／本体6800円＋税

フィリップ・ステッドマン／鈴木光太郎 訳
フェルメールのカメラ 光と空間の謎を解く

巨匠フェルメールは，光学装置を使って描いたのか。天才が"カメラ"のもとでつかんだ美の可能性とは？　建築家ステッドマンが，制作空間の精密な計測を重ねてアトリエを復元し，圧倒的な説得力をもってカメラ使用法を証拠付ける。最有力説の待望の邦訳。　Ａ５判288頁・口絵8頁／本体3200円＋税

井頭昌彦
多元論的自然主義の可能性 哲学と科学の連続性をどうとらえるか

すべての事象は物理科学によって明らかにできる!?　本書はこの「自然主義」理解の誤りをただし，科学主義・物理主義をとらない「多元論的」自然主義という立場を提唱して，哲学と科学の関係を考え直すための新たな視座を提供する，気鋭の意欲的論考。　Ａ５判308頁／本体4200円＋税

■新刊

矢守克也
アクションリサーチ 実践する人間科学

研究者が現場に入り，当事者と共に問題に取り組み，変化を巻き起こし，新しい社会を生み出すことをめざす実践，アクションリサーチ。その実際から研究法，理論的基盤まで，阪神・淡路大震災をめぐる経験のすべてを注いで書かれたアクションリサーチへの招待。　A5判288頁／本体2900円+税

足立重和
郡上八幡 伝統を生きる 地域社会の語りとリアリティ

水と踊りのまち岐阜県・郡上八幡。郡上おどりの観光化に大成功した反面，地元の楽しみは失われていく。まちを揺るがした長良川河口堰問題とは何だったのか？　交錯する人びとの語りから伝統を守る生きざま，リアリティの"民俗的色合い"を探るモノグラフの野心作。　四六判336頁／本体3300円+税

上田誠二
音楽はいかに現代社会をデザインしたか 教育と音楽の大衆社会史

退廃的で堕落しているといわれた中山晋平の「東京音頭」は，なぜ戦中に「建国音頭」，戦後は「憲法音頭」に変容したのか。北原白秋の「国民歌謡」，総力戦下の絶対音感教育などとの対比で，音楽と聴覚の社会形成力を鮮やかに抉りだした気鋭の力作評論。　A5判408頁／本体4200円+税

荒川 紘
教師・啄木と賢治 近代日本における「もうひとつの教育史」

盛岡中学が生んだ特異な詩人・啄木と賢治はすぐれた教師でもあった。自由な発想で「ひとをつくる」教育をめざした二人の実践を手がかりに，寺子屋・私塾から自由教育運動，生活綴方運動などまでの近代教育史をたどりつつ，もう一つの教育の可能性を探る。　四六判408頁／本体3800円+税

1-2　有意味受容学習

D. P. オーズベルは、情報を提示する際に、学習者のスキーマと関連づける**有意味受容学習**を提唱した。オーズベルは伝統的講義法が学習者がもつ知識の構造と無関係に情報を提示し受容させる機械的受容学習であるため、丸暗記せざるをえず、その結果すぐ忘れること、一方それを批判する発見学習に対しては、多くの内容を短時間に習得することができないことを批判した。そして、① 学習者がもつスキーマと関連づけられるように情報を提示し（そのことにより学習が有意味になる）、② 学習者はそれを受容する（多くの学習が可能になる）学習法としてこれを提唱した。

オーズベルはスキーマに取り入れられやすいように情報を提示するための具体的方法として、**先行オーガナイザー**（**先行オルグ**）を与えるということをいっている。先行オルグとは学習に先立って提示される「学習材料をスキーマに関連づけるのに役立つ情報」で、「説明オルグ」と「比較オルグ」がある。説明オルグは、学習内容を一般化・抽象化した導入課題で、学習内容を概観できる情報を与えられることにより、学習者は適切な構えをもつことができ、学習内容を取り入れやすくなる。

前述の「凧揚げ」という情報も先行オルグになり、説明の文章をわかりやすくしている。またJ. ブランスフォードたちはわかりにくい文章の前に全体を見通せる絵を、説明オルグとして示す実験を行っている。授業でも、何について学習するのかを、一般的なテーマの形であらかじめ示すことによって、関連するスキーマを引き出して、理解を容易にすることができる。本書でも各章の頭にこれから何について述べるかを書いているが、それらは説明オルグにあたる。新聞や雑誌の見出しや、本のはしがきや目次も、本文の内容を概観できる情報であり、説明オルグの役目を果たしている。何が書いてあるのか全くわからずに読んでいくのでなく、見出しや目次を見て、だいたい何について書いてあるのか見当をつけ、それに関するスキーマを呼び出しながら読むので、わかりやすくなるのである。

比較オルグは、学習者が学習内容を自分がもつスキーマに関連づけるのを助けるような導入課題である。学習者はもともとスキーマに関連づけて情報を取

り入れる傾向をもっているが、それを学習者にまかせず、教える側が助けるのである。たとえばアメリカの大学生が仏教を学習する際に、導入課題として、① 仏教とキリスト教との比較、② 仏教史を与えたところ、① の方が本学習の成績がよかった。これはアメリカの大学生がもっているキリスト教のスキーマと関連づけることを促したためと考えられる。子どもが知っていることと関連させて教えることは、理解を助ける上で重要であろう。

　有意味受容学習は子どもたちが能動的に知識を獲得していくことをカリキュラム上で考慮する必要性を示唆しており、子どもがスキーマを使って能動的に知識を獲得していくことを前提にしながら、情報そのものは大人が提示し、その際に大人側がどのように提示するかを考えるという点で、第4章の能動性重視の考え方とは異なっており、大人の主導性を含む学習法といえる。

1-3　知識の構成化と大人の指導的かかわり

　有意味受容学習に限らず、スキーマを使って知識を獲得するという考え方においては、その過程をスムーズにさせるために、適切なスキーマを引き出しておいたり、スキーマに関連づけやすくするために情報を整理したり変換して示すことが必要である。そのため、スキーマへの同化と調節を子どもの能動性にまかせるのではなく、大人が主導的に次のようなことをする必要があるといえる。

　① 知っていることと関連づけるようにして情報を提示する
　② 構えをもたせる（学習課題の意識化）
　また新しい情報を既存のスキーマに取り入れやすくするために、
　③ 情報を構造化して示すことにより、情報相互の関連づけを助ける
　④ 本人に情報の精緻化（情報をまとめたり、相互に関連づけたりして後から利用しやすい形に変換すること）を促す

というような大人の働きかけが必要であり、教材の提示や発問を工夫することによって、これらのことを行っていくことが重要である。

　すでによく知っていて適切に構造化されているスキーマと関連させれば情報は取り入れられやすい（興味ももちやすい）ため、子どもがよく知っていることや彼らの生活経験に合う形で情報を提示する。また漠然と考えさせるのでは

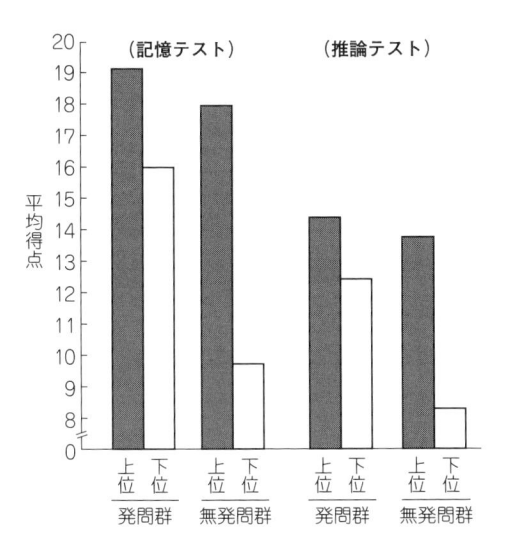

図 5-2　予想を求める発問の効果（北尾・速水，1986）

なく問題を明確に意識化させることで、どのように考えるのか、どのスキーマを使うのかがわかりやすくなる。適切な構えをもち、問題意識をもってかかわるとき、関連した情報はスムーズに入りやすい。何が問題なのか、何が重要なのかを質問することにより、問題を意識化させることも可能である。たとえば小学4年生に物語文を読ませる際に、その結末を予想させる発問をすると、物語の理解や記憶がよくなること、それは特に読み能力下位群で著しいことが研究によって示されている。読み能力下位群は能動的に読まないが、発問によりそれをするようになると考えられる（図5-2）。

　ただし構えをもつことが時にそれにとらわれて柔軟性を失い、新しい考え方（別のより適切なスキーマの使用）を抑制することもある。表5-2の水汲み問題をやってみてほしい。どの問題もスムーズに解けただろうか。

　教える側が情報を整理して提示すること（整理された板書やチャートでの図示等）も知識を構成化しやすくするし、学習者が自分なりに考えながらノートをとったり、情報を自分で整理し直してノートを作ったりすることも、スキーマへの同化と調節を促し、知識の構成化に役立つと考えられる。

　これらは、伝統的な一斉授業、知識獲得型の学習において行うことが可能な教育の方法である。

表5-2 水汲み問題

a,b,cの3つの容器を使って、右側の水を汲むにはどうしたらよいか（水は無制限にある）という問題を5題やってみてほしい。

	a	b	c	汲みたい水量
1)	21	127	3	100
2)	14	46	5	22
3)	18	43	10	5
4)	15	39	3	18
5)	28	59	3	25

5題とも解けただろうか？ 1)は $127-21-3\times2=100$ となり、$b-a-2c$ で解ける。2)もやってみると、同様のやり方でとける。そして3)もそうである。この問題を解く場合は $b-a-2c$ を使うとよいようだという構えが段々できあがっていく。

4)や5)も同じ式でとけるだろうという構えができ、確かに4)も5)もその式で既定の水量を汲みだせる。…しかし4)と5)は、実は一目でわかる簡単な解法があるのだ〔4)は $a+c$、5)は $a-c$〕。構えをもつことが時にそれにとらわれて柔軟性を失わせ、新しい考え方（より適切な別のスキーマの使用）を抑制することもあるのである。

2　状況主義・状況的認知理論

2-1　分散認知

　第3章の行動主義的考え方では、子どもの発達・学習は環境の力によるが、学習されたことは個人のなかにあると考えられるし、第4章の子どもの能動性を重視する考え方や第5章1節の知識の構成化の理論でも、発達・学習は個人のなかにあり、子どもが能動的に外界にかかわるなかで主体の内部に知識や技能、能力が獲得されていくと考えられている。それに対し、状況主義の考え方では発達・学習は個人のなかにあるのではなく、社会システム全体に分かちもたれているととらえられる（**分散認知**）。認知能力は主体のなかにあるのではなく、社会・文化的環境に依存して成立するとされる。学習は他者・環境との関係のなかで、状況のなかで起こるとされ、人間関係や道具を含む環境のなか

での認知や学習を考えようとする。

　認知能力が社会・文化システムに依存しているということは、たとえばノートや筆記用具を使って思考過程を記録したり、記憶の補助とすることが認知や学習のあり方を変えるということである。あるいは最近のパソコンやインターネットの使用が我々の知のあり方を変え、それまでにはなかったコンピュータを使う能力（コンピュータ・リテラシー）が必要とされるようになり、また知りたい情報を得るために何をしたらいいのか学習しなくても、誰でも簡単に詳細で専門的な情報を得ることが可能になっている。さらにブログに自分のことを書く能動的な書き手が増えているというように、「認知や学習」の様相は大きく変わってきている。

　我々は1人で発達し学習するのではなく、まわりとの関係のなかで、まわりからの援助を受けたり、道具を使ったりするなかで学習がなされる。知識を獲得することは、個人を取り巻くコミュニティや文化に実践的に参加することであり、文化的共同体の実践活動に参加することによって文化に適応していく過程が学習と考えられる。したがって社会的文脈のなかでの他者との関係性が重視され、個人としての学びではなく、共同での学びが提唱されている。以下では1950年代に提唱され、最近状況主義的な考え方として再び取り上げられているL. S. ヴィゴツキーの理論と、文化への正統的周辺参加の考え方について述べてみる。

2-2　ヴィゴツキーの発達・教育観

　ヴィゴツキーによると、子どもの認知発達とは大人による援助のなかで起こる文化獲得、文化的学習であり、人間の高次機能は大人との社会的活動のなかに起源があるとされる。つまり大人との関係で機能していた精神活動（精神間機能）が内面化して、子ども自身のなかで機能するようになった（精神内機能）と考えるのである。子どもははじめは社会的存在ではなく、発達と共に社会的になっていくという考え（個人的 → 社会的）がピアジェをはじめとして一般的であるが、ヴィゴツキーによれば方向は反対であり、はじめは大人とのかかわりのなかで行われていたものが、個人的に行われるようになるのである（社会的 → 個人的）。図5-3は思考という精神内機能が、母親との言語的やりとり

母子間の実際のやりとり

頭の中で母とのやりとり
現象：2歳前後の母親の模倣行為
（頭の中で母親を想定して母親とやりとりし、母親の反応の部分が出てくる。）

頭の中でのもう一人の自分（Me）とのやりとり
——自己内対話
現象：3歳前後の集団的独語
　　　（考える過程が声に表れたもの）
（頭の中での対話の相手は、母親から一般的な他者となり、さらに自分の分身としてのMeにかわる。）

図5-3　社会的相互交渉の内面化のプロセス（田島，1997）

に起源があることを示している。

　大人から援助され他者とのやりとりのなかで発達が起こることを、ヴィゴツキーは**発達の最近接領域**という概念で示した（図5-4）。ヴィゴツキーによると、発達には2つの水準がある。1つは自力で達成できる水準＝到達している現在の水準、2つ目は他者からの援助や誘導によって達成できる水準＝発達しつつある水準である。その間の領域が発達の最近接領域であり、教育とは他者からの援助により達成可能な領域に働きかけるものである。そして他者から援助を受けてやっていくうちに、徐々にそこが自力で達成できる水準になっていく。

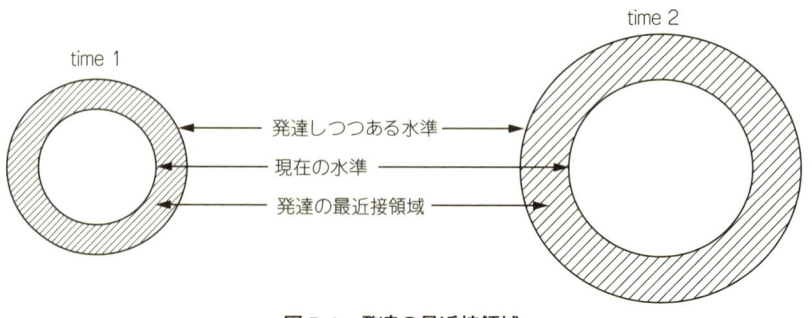

図5-4　発達の最近接領域

つまり教育が発達の最近接領域に働きかけることにより、子どもの発達水準が上がり、さらに新しい発達の最近接領域が子どもの前に切り開かれていくのである。

　当時は発達の最近接領域は、教育は発達を待って（レディネス待ち）行うのではなく、教育が発達に先行するという観点から取り上げられたが、このことは同時に、大人（文化）の援助によって可能だったことが自力での解決になっていくという、大人や文化の役割を重視する発達・教育観でもある。そして問題解決における共同作業（責任は大人にある）から、徐々に子どものかかわりが増えて責任が子どもに移っていき、最終的にはすべての責任が子どもに移行し、子どもがすべてを行うようになることでもある。そのようにして文化が手渡されていく。子どもが1人ではできないことに大人が手を貸し（たとえば、参加を促す・課題を簡略化する・注意の持続を助ける・フラストレーションをコントロールする等）、徐々に助けを減らし、やがては子どもが1人でできるようにする（大人が「足場」を作り、文脈のなかで文化を手渡し、その上で足場をはずす）。図5-5は、いないいないばあ遊びという文化の獲得の過程である。母親は演技者の役割を子どもに引き渡している。

　表5-3は「イスを持ってくる」という課題を課題分析し、スモール・ステップで徐々にできるようにしていく一種のプログラム学習であるが、現在できることの一段階上を提示するという助けを与えてそれを可能にし、できるようになったらさらに1段階上を示すという援助を与えている。発達レベルに合った援助を与えて発達の最近接領域に働きかけ、独力でできるようにしていっている。

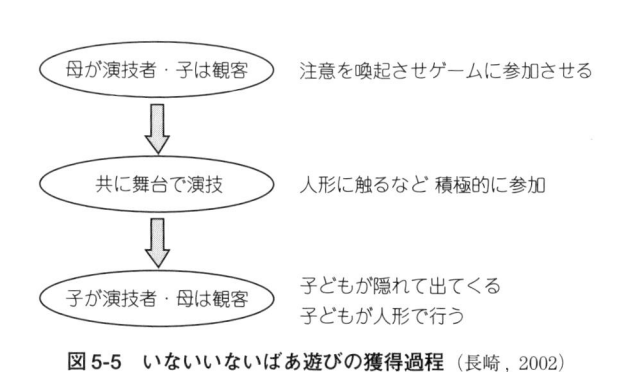

母が演技者・子は観客	注意を喚起させゲームに参加させる
↓	
共に舞台で演技	人形に触るなど積極的に参加
↓	
子が演技者・母は観客	子どもが隠れて出てくる 子どもが人形で行う

図5-5　いないいないばあ遊びの獲得過程（長崎, 2002）

表5-3 子どものレベルと大人の働きかけの例 （長崎, 2002）

子どものレベル	大人の働きかけ
①文脈を理解して自発的に行動できる：「おやつだよ」といわれ、イスを持ってこられる。	
②言語指示でわかる：「イスを持ってきて」	→「おやつだよ」というだけで、文脈を見通してイスを持ってこられるように待つ。
③かけ声、擬態語でわかる：「イスをヨイショヨイショして」	→言語指示「イスを持ってきて」
④指さし・ジェスチャーでわかる：イスを指し、「イスを持ってきて」	→擬態語「イスをヨイショヨイショして」
⑤モデル提示でわかる：指導者がイスを持ってくるモデルを示す。	→指さしを伴って「イスを持ってきて」
⑥身体援助でできる：一緒にイスを持ってくる。	→イスを持ってくるモデルを示す。

2-3 正統的周辺参加

J. レイヴと**E. ウェンガー**は、学習とは文化的共同体に実践的に参加し、新参者から古参者（ベテラン）へと成長していくことであるとする理論を提唱した。正統的なメンバーとしてのかかわりが認められても、はじめは周辺的な小さな役割をもらうだけだが、共同体での活動に参加するなかで状況に応じた振る舞い方等を身につけ、**周辺参加**から十全的な参加へ、新参者から中心的なメンバー、ベテランへと成長していくことが学習であるとされる。

たとえばアフリカの仕立屋の事例では、新参者ははじめは「ボタン付け」という小さな役割（簡単でやり直しがきき、できあがりの過程に直接参加できる）からスタートする。そして徐々に「縫い合わせ」「裁断」と重要な仕事を割り当てられ、それを実践するなかで「仕立屋」に必要な知識・技術を身につけ一人前になっていく。親方が直接教えるのでなく、共に仕事をするなかで必要なことを学んでいく。「徒弟制」のもとでの技能の習得がこれにあたる。言語の習得も、言語を話す共同体に参加し会話をするなかで学習されている。あるいはクラブ活動や職場での仕事の習得、研究活動等も、実践的な活動に参加する

なかで学ばれていくことが多い。そこでは学習者はメンバーから直接に教えられるというよりは、活動に共に参加するなかで、実践的に学んでいく。

そのような徒弟制に組み込まれている学びのプロセスを授業に取り入れた学習法（認知的徒弟モデル）も提唱されている。まず、① 教師が模範を示し、学習者がそれを観察学習するモデリング、② 教師が学習者を指導するコーチング、③ 教師が援助を与えながら独力でやるように支援する足場作り、④ 教師の支援を次第に減らして学習者の自立を促す**足場はずし（フェイディング）**の４段階からなっている。誰かの助けを借りて、その人の振る舞いをまねながら自分のものにしていき、やがて助けを借りずに行えるようになっていく学習である。

このような学習の理論から、現在の学校教育は学校という場面に通用するだけの特殊な知識や技能を習得させているだけだとする**学校知への批判**がなされている。文化的共同体に実践的に参加することは、そこでの実践活動を可能にするのに対して、学校での学びは社会的な実践から切り離されていて、将来の仕事に役立たないという批判、また現実の問題解決は環境内の資源を利用することが可能なのに（たとえば誰かに尋ねる・道具を使う・本で調べる）、学校では自分の頭の中の知識だけを使って一定時間内に解く力がテストされており、実践的に必要とされる能力とは異なっているという批判である。

ただし、実践からの実践に役立つ学びだけでなく、概念的・一般的な理解や、なぜそのようにするのかの理解も必要であるし、１人でできるという個の学びや、繰り返し訓練することによる学びも必要であろう。日常的・実践的に役立つことだけでなく、実践から離れたところでの概念的学びや、直接的経験を超えた抽象的な理解も、たとえそれが現実の問題解決に直接つながらなくても、学校教育においてなされるべきだと考えられる。

総合的学習については第４章で述べたが、地域社会の大人や社会で活躍している人の話を聞いたり、その実践に参加する学習が試みられたりしている。学校知とは異なった、子どもが生きている文脈に合った学びであり、文化的共同体に参加するなかでの学びといえる。また道具や他の人々の助けを借りながら、そこでの活動に参加して、共同で知識を構成化していこうとする**学び合う共同体**の実践が報告されたりしている。そこでは教師の援助を得ながら、仲間とも

表 5-4 「伝統的な教室」と「学び合う共同体としての教室」との比較

(Brown, et al., 1993；稲垣・波多野，1998 参照)

	伝統的な教室	学び合う共同体としての教室
学習者	入って来る情報を受動的に受け取る	研究する人、教える人、進歩をモニターする人
教師	教え込み的な教え方を使用 教室の管理者	ヒントのもとで発見させるやり方を使用 能動的な探求のモデル
内容	基本的な読み書き能力の育成 下位の技能から上位の技能へ カリキュラム内容 　広さ 　断片的 　その場その場の説明 　事実の記憶	基本的な思考能力の育成 カリキュラム内容 　深さ 　再帰的なテーマ 　首尾一貫した説明 　理解
コンピュータ	ドリルと練習 プログラミング	意図的な内省のための道具 学習と協力
評価	事実の保持 伝統的なテスト	知識の発見と利用 発表会で発表する、聴衆として意見をいう、プロジェクト（学習課題をみつける）、活動明細記録（ポートフォリオ）

　教え合い、自分たちの学習を自分たちでデザインしていく。第4章で述べた「子どもの能動性・主体性を重視する考え方」と本章の「他者や環境との関係性を重視する考え方」の統合といえる。

　表5-4はそれらが統合された「学び合う共同体としての教室」と、第3章の「大人の主導的かかわりを重視する考え方」に近い「伝統的な教室」を比較したものである。学習者のとらえ方、教師の役割等、大きく異なっている。学習の評価も、「伝統的な教室」では知識をどのくらい保持しているかをテストでとらえるのに対し、「学び合う共同体としての教室」では成果を発表したり、そこで聴衆として意見を言ったりすることが評価され、またポートフォリオという作品をまとめてファイルにした実践記録が作られる等、新しい試みがなされている。

　表5-5は近代で必要とされる能力とポスト近代で必要とされる能力の特徴を比較したものである。現代社会においては、従来の「基礎学力」だけでなく、ネットワーク形成力等を含めた**生きる力**を学ぶ必要があることが示されて

表5-5 近代で必要とされる能力とポスト近代で必要とされる能力の特徴 (本田, 2005)

「近代型能力」	「ポスト近代型能力」
「基礎学力」	「生きる力」
標準性	多様性・新奇性
知識量、知的操作の速度	意欲、創造性
共通尺度で比較可能	個別性・個性
順応性	能動性
協調性、同質性	ネットワーク形成力、交渉力

いる。

　本田由紀によると、近代型能力では標準化された知識内容の習得が目指され、試験等共通の尺度で個人間の比較が可能である。そして同質性の高い集団での協調性が期待される。それに対してポスト近代型能力では、相互に異なる個人の間で柔軟にネットワークを形成し、交渉しながら、新しい価値を自ら創造することが目指される。意欲や他者との関係の調整等情動的知能 —— EQ —— を含むような能力であり、文科省の「生きる力」はこれに近いといえる。この2種の力は、各々「伝統的な教室」と「学び合う共同体としての教室」が目指す能力ともいえ、現代社会とは「学び合う共同体としての教室」の重要性が高い社会といえる。

第Ⅲ部
道徳性・社会性の発達と教育

　第Ⅱ部では主として子どもの知的教育に関することについて論じたのに対し、第Ⅲ部では道徳性や社会性に関する領域、生徒指導や道徳教育に関する問題について述べる。子どもはどのようにして道徳性や社会性をもつようになるのか、その過程をいかに援助できるかという問題である。

　我々が社会で他者と共に生きていくためには守らなければならないことがあり、どの社会にも成員に守ることを要請し、成員の行動を規制する、一定の道徳的・社会的規範がある。子どもをそれらの規範に従うようにすることは、育児や教育の大きな目標である。子どもはどのようにして、やりたいことであっても規範に従ってやらないようにし、あるいはやりたくなくてもやるようになるのだろうか。どのようにしたら、その過程がスムーズに進展するのだろうか。

　最近、青少年の問題行動が社会問題化し、規範意識の稀薄化や自分をコントロールできない傾向が危惧され、そのことを裏付けるような統計的資料も多い。第1章で述べたように、文科省も道徳教育を重視する方針を強めている。

　道徳性の発達に関しては、大人がしつけを行い、よいことは褒め、悪いことは叱ることにより培われるとする考えが一般的にもたれているし、文科省の現在の路線もそちらに近いものと思われる（第1章参照）。一方心理学においては、道徳性に関しても第Ⅱ部と同様、大人が主導することにより発達するという考え方と、子どもの能動性・自主性に基づいて発達が起こるとする考え方があり、どちらに基づくかによって、大人の望ましいかかわり方も異なってくる。第Ⅲ部では道徳性の発達を促すために大人がどのようにかかわったらよいのかを、これら2つの基本的に異なった考え方に基づいて考え、現在の道徳教育のあり方や文科省の方針についても触れる。

第6章 大人主導の道徳性発達の考え方

　本章では子どもの道徳性の発達の源泉は大人にあり、大人が正しいことや価値規範を明確に示すことで、子どものなかにそれらが内面化されるとする理論について述べる。第Ⅱ部第3章と同様、大人主導で大人が善悪を示し、子どもの行動に適切に応じることで、道徳化・社会化を推し進めようとする立場であり、「悪いことは悪いとしっかりしつけよう」というような提言のもとにある考え方である。心理学では精神分析理論と社会的学習理論がその理論的支柱を提供している。精神分析理論は罪悪感という情緒的側面、社会的学習理論は行動を問題にするが、どちらも内面化の増大を道徳性発達ととらえ、それを促進するのは大人であるとしている。

1　精神分析理論

　精神分析理論は、我々が逸脱行為をしたり、しようとすると「良心の呵責」を感じたり、「罪の意識」を感じたりすることを、**超自我**により説明する。S.フロイトによれば、我々の心は「エス」と「自我」「超自我」からなっている（図6-1）。生まれた当初は心は本能衝動の充足を求めるエスのみからなっていて、もっぱら自分の快感を追求するだけで内的な阻止力はもっていない。成長と共に欲求充足を阻止されたり親からしつけを受けたりするなかで、欲求充足のために現実に合わせることの必要性から、自我がエスから分化する。自我は、「パーソナリティの中心、現実への適応機能の主体」であり、エスと現実社会の両者の要求を顧慮し、現実的に危険の少ない方法でエスの欲求を満足させた

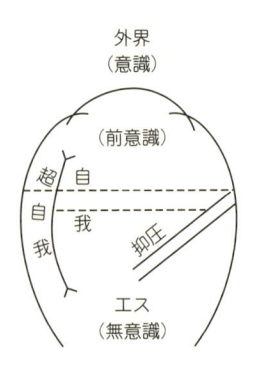

図6-1 フロイトの心の機能

り、現実の要求に応じて満足を延期させたりする。パーソナリティ全体の安全・統合が脅かされる場合には心の安全を保つために危険なエスの欲求を抑圧して無意識層に追いやる（自我防衛機制）。さらに自我の一部から超自我が形成される。超自我は、自我がエスにどのように対しているかを監視する機関であり、「親を通して社会的・文化的規範が内面化したもの」である。子どもは親から罰されることや親の愛情を失うことを恐れて、親のしつけに従うが、そのしつけを内面化し、自分で自分を監視し制御するようになる。超自我が形成されると、「そんなことをしてはいけない」「良心が許さない」と自ら行動を制止するし、規範から逸脱しようとすると「気がとがめ」、してしまった場合は罪の意識をもち、後悔し自己非難をすることになる。

　フロイトによれば、超自我はエディプス期に形成される。エディプス期はフロイトの発達段階の1つ（3歳から6歳頃）で、性衝動（リビドー）を異性の親に向ける時期である。この時期男子はエディプス・コンプレックスをもつとされる。エディプス・コンプレックスとは無意識的にもたれるものであり、① 母親への愛着、② 父親への敵意、③ 父親からの罰への不安という3つの観念の複合体である。母親にリビドーを向け母親を独り占めしたいと思う男児にとって、父親はライバルであり、無意識的に敵意をもち、その不在（死）を願うとされる（このことを現実化してしまったのが、ギリシャ悲劇の主人公エディプス王であり、エディプス・コンプレックスという名の由来である）。そのような思いは両親からの愛情を失う不安や父親から罰を受ける不安を引き起こすし、愛着の対象でもある父親に敵意をもつことは苦痛である。この非常に危険

なエディプス・コンプレックスを解消するためにとられる手段が、**父親への同一化**である。男児は父親に同一化し、父親のようになることによって危険な状況を脱し、父親のように振る舞い、父親のもつ規範を自分のものとして取り入れる。そして親からいわれなくても、自分で自分を監視し、規範に従った行動をするようになる。以上がフロイトの考える道徳性の形成である。

　この考えによれば、エディプス期の終わり（5、6歳頃）には、子どもの道徳性は大きく変わることになるが、実際にはそうとはいえないこと、エディプス・コンプレックスが普遍的にあるといえるのか疑問であること、女児の説明ができないこと等、さまざまな問題がある。しかし親がしつけを通して価値規範を示し、その規範が無意識のうちに取り入れられ、それが内面化されて自らそれに合わせて行動するようになるということは、ありそうである。

　精神分析理論の考えでは、子どもの道徳性の源泉は大人にあり、親や社会がどのような規範をもち、それをどのくらい明確に示すかが子どもの道徳性を規定すると考えられる。厳しい超自我をもち、それを明確に示す厳格な強い父親に接していた子どもは厳しい超自我を形成するし、父親の超自我が弱い場合や規範を示そうとしない父親と接していた子どもは、弱い超自我しか形成しないと考えられる。西平直喜は、厳しい父親のもとで厳しい超自我を形成した者として内村鑑三、父親不在あるいは父性的なものが弱い環境で育ち、超自我が弱いと考えられる者としてJ.P.サルトルや福沢諭吉をあげている。「父なき社会」と言われる現代、優しいマイホームパパ、友達のような父親が多い現代日本においては、超自我的なものは弱いと考えられる。

　ただし精神分析理論においては、超自我が強いことが望ましいわけではない。超自我の形成は社会的存在として必要ではあるが、超自我は罰の不安に基づいて非合理的・無意識的メカニズムによって形成されるものであり、過度に強いと自己懲罰的になり、神経症の原因ともなる。精神分析が目指すのは、自我がエスや超自我に縛られずに自由・柔軟にパーソナリティの統合を図ることであり、特に「道徳的になること」ではないのである。

　しかし一定程度の超自我が形成されていることは社会生活をおくっていく上で必要であり、それが親とのかかわりのなかで、親のもつ規範を無意識的に取り入れる形で形成されていくことをフロイトは理論化したといえる。

　一方、最近の精神分析理論は、罰への恐怖に基づく父親への同一化だけでは

なく、母親（第一養育者）との関係のなかでの母親のかかわりを内面化することにより、子どもの自己統制が可能になることを論じている。つまり母親が否定的な子どもの情動をなだめてくれるという経験が、やがて子どもが自分で自分を制御することを可能にすると考えられている。これは規範の内面化そのものについての説明ではないが、規範に従う力の源泉はフロイトが考えたように親からの罰や愛情の剥奪に対する不安を媒介としたものだけではなく、親子間の愛情を基盤とした肯定的な関係も考えられるようになっているといえる。

2　社会的学習理論

　まわりの大人とのかかわりのなかで、大人のもつ規範に従うようになっていくことを理論化したもう1つの立場は、**社会的学習理論**である。社会的学習理論は第3章で述べた学習理論の一派であり、基本的には条件づけ ── 繰り返し強化されることによる行動の形成 ── を考える理論であるが、社会的関係のなかでの学習であることが考慮されている。

2-1　強化による規範の内面化

　道徳的・社会的規範に即した行動は強化によって獲得されるが、強化がなくても自ら制御できるようになることが道徳性の発達とされる。そのためには、行動の基準となる価値規範を内面化することが必要である。

　道徳的行動にはプラスの強化、反道徳的行動にはマイナスの強化が与えられることにより、前者がよく起こり、後者は起こりにくくなるのは**条件づけ**による学習であり、日常的なしつけの背後にある考え方である。そしてそのような行動の制御が内面化し、強化がなくても道徳的行動をするようになることも、条件づけによって説明される。反社会的行動に対して何度も罰を受けていると、反社会的行動そのものと苦痛反応＝不安がつながり、その不安ゆえにその行動をしなくなる（図6-2）。つまり学習理論によれば、「良心」ゆえに悪いことをしないという「良心」とは、**条件づけられた不安**なのである。

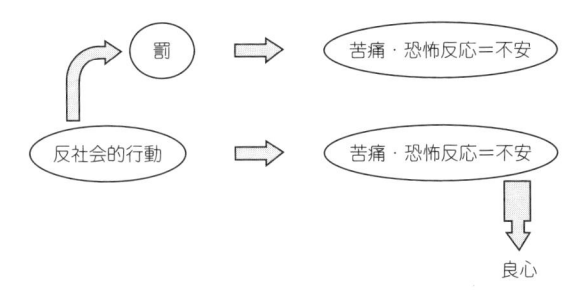

```
    ┌──→ 罰  ⇒  苦痛・恐怖反応＝不安
    │
反社会的行動  ⇒  苦痛・恐怖反応＝不安
                              ↓
                              良心
```

図6-2　良心の内面化のメカニズム

　この考え方では、罰を与えられるという経験の繰り返しが、その行動の制御をもたらすのであり、悪いことをしたときには罰を与えることが重要ということになる。したがって大人によるしつけの善し悪しが、子どもの道徳性発達を規定することになる。

　一方で、認知も重視する**社会的認知学習理論**は、学習理論に立ってはいるが、道徳性を認知の問題とする第7章の考え方に近いところもある。子どもは罰を受けることにより不安が条件づけられてやらなくなるが、さまざまな悪さをするなかで、それらが「叱られる悪い行動」というカテゴリーにまとめられていく。そこには子どもの認知が関与しており、「悪い行動」として適切にまとめられるような対し方を大人はする必要がある。叱るときに「何が悪かったのか」を大人が示すことにより、適切な一般化が可能になる。Aちゃんの頭を殴ったとき、ただ叱られるだけだと、「Aちゃんを殴ること」が悪く、Bちゃんならいい、背中ならいい、引っ掻くのならいい等々と思ってしまう可能性がある。「人に暴力をふるってはいけないよ」と言われれば、何が悪いのかに関する適切なまとめ方に役立つ。また叱られる理由を付け加えることも、「何が悪かったのか」に関する理解を促進すると考えられる。R. D. パークは、理由づけがあった方が、禁じられた行動を抑制できることを示している（図6-3）。なぜさわってはいけないのか理由がわかるときの方が、罰の制止機能が働くのである。ただし理由づけも、その子にわかるレベルのものでなければ効果がないことも示されている（図6-4）。

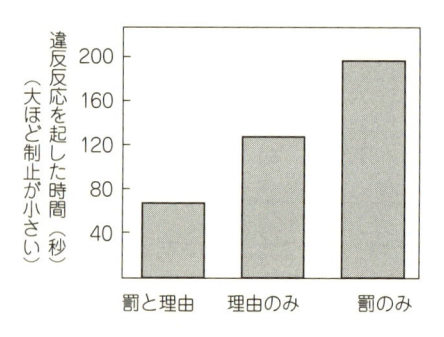

図6-3　罰だけを与えたときと理由を示したときの、違反反応
（Parke, 1973；柏木, 1978参照）

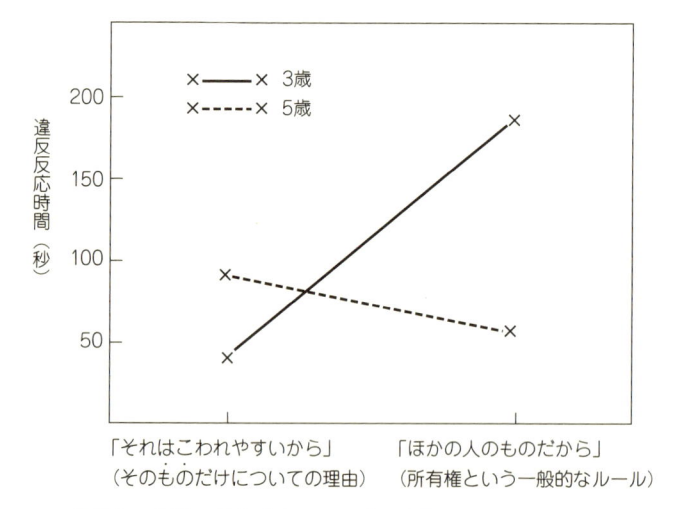

図6-4　3歳児と5歳児の理由づけのタイプの効果（Parke, 1973；柏木, 1978参照）

2-2　モデリング

　社会的学習理論が重視する学習として**モデリング**（**観察学習**）がある。我々は実際に何か行動をし強化を受けるという直接的学習だけでなく、他者が行動するのを見ているだけでその行動をするようになる。道徳的行動も、モデリングによって習得されることを **A. バンデューラ**は提唱した。

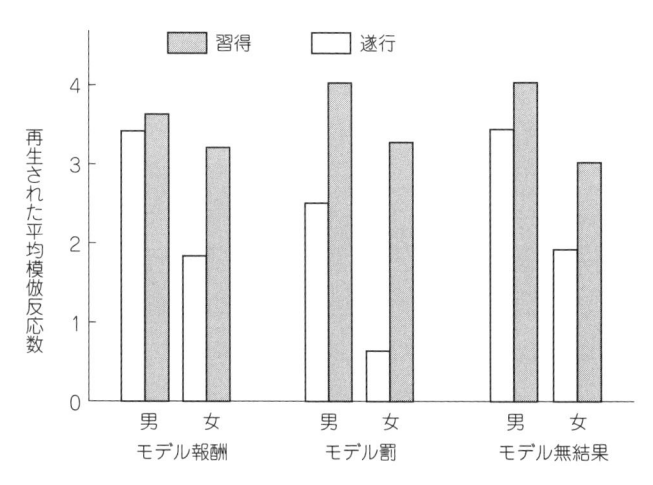

図6-5　モデリングにおける習得と遂行（Bandura, 1965）

　バンデューラたちは、攻撃行動がモデリングによって学習されることについて多くの研究を行った。それらの研究は、① 攻撃的なモデルを見ると、その後で攻撃行動が多くなる、② モデルへのプラスの強化は攻撃行動を増加させるが（代理強化）、強化がなくても見るだけでも一定の効果はある、③ 遂行（パフォーマンス）として現実に攻撃行動をするかどうかは、状況要因が関与して決まるが、攻撃的なモデルを見ることで攻撃行動は潜在的に習得される（コンピテンス＝能力）ことが示されている（図6-5）。これらの結果に基づいて、テレビ番組や映画の暴力シーンが子どもに与える影響が論議され、危惧されてきた。攻撃行動を見ることにより攻撃行動の潜在傾向が作られ、きっかけや誘因が働けばそれが顕在化するし、攻撃行動を見ることもそのきっかけの1つになると考えられるからである（図6-6）。

　モデリングは道徳性の肯定的な側面の学習にも関与している。向社会的行動（思いやり行動）や規範を守る行動、自己統制等の行動や、道徳判断の仕方にもモデリングが関与していることが実験的に示されている。また実験的研究だけでなく、現実の行動に関しても、自分の危険も顧みずナチスからユダヤ人をかくまった者の親は確固たる道徳的信念をもち、それに基づいて利他的な行動をしていた者が多いこと、1960年代から1970年代のアメリカの公民権運動に積極的に参加した若者の親も信念をもち向社会的だった者が多く、どちらも両

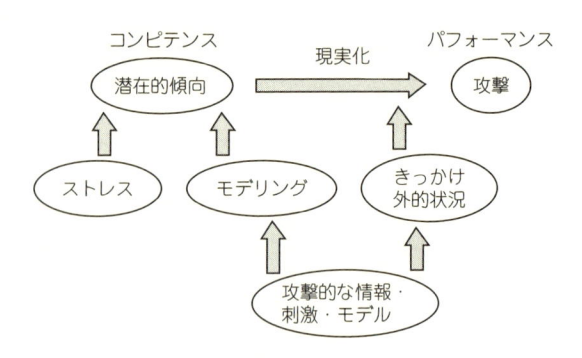

図6-6　攻撃行動のモデリング

親が向社会的行動のモデルになっていることが示されている。

　日常的にも子どもは親と同じような振る舞いをすることをしばしば目にするし（「子どもは親の背を見て育つ」）、担任が替わるとクラスの子どもたちの行動が担任の行動様式と似た形で変わることもある。直接教示されること＝口で言われることよりも、モデリングの方が効果が大きく、大人の言うこととやることが異なっていると、子どもは大人がすることをするようになることが多い（たとえば「人の悪口は言わない」と言っている大人が悪口を言っていれば、子どもも悪口を言うようになる）。また象徴的モデルの影響も受け、実際に行動を見なくても「〜もやっていた」「〜がこう言っていた」という形でも、その行動をしやすくなることも示されている。

　なおバンデューラはその後、個人内の認知過程を重視するようになり、道徳性を自己制御メカニズムとしてとらえ、自分の行動を自己制御する力を重視する理論を展開している（それについては第Ⅳ部で述べる）。またK. A. ドッジは社会的情報処理理論を提唱し、社会的場面における行動生起は，情報処理ステップの結果として生じ、たとえば攻撃的な子どもは、手がかりの解釈が歪んでいて相手の行動の意図を過度にネガティブに歪めて解釈したり（たとえば偶然だったのにわざとやったと解釈する）、自分の行動の結果としてどのようなことが生じるかを想像できない等、情報処理の過程に問題があることを示している。道徳的行動と認知との関連が重視されるようになってきているといえる。

3 日本の道徳教育への示唆

大人主導の立場に立つ精神分析理論と社会的学習理論は、権威者や大人が道徳性の源泉であると考えるため、大人が善悪の規範をしっかり示すこと、大人自身がよい行動をすることが重要という考え方を示しているといえる。この考え方から見た日本の道徳教育の問題は何だろうか。

3-1 日本の道徳教育の問題

第1章で述べたように、現代の日本の大人たちはしっかりしつけを行ったり善悪の規範を示したりしない傾向が指摘されており、図1-5とは別の国際比較でも、同様の傾向が示されている（図6-7）。またよい行動をするモデルが多くないことも、さまざまな形で示されている。たとえば表6-1は、よいとされる行動傾向の獲得に父親、母親、友人から影響を受けたと思うかに関する日米比較である。日本の高校生は両親からの影響が少なく（両親のどちらかはアメリカの半分以下であり、そうでない行動傾向はわずかに「一生懸命働く」「明る

他人に親切にすることの大切さを教えているか（%）

父親	大いにそう	かなりそう	ややそう	ない	非該当
日本	31.5	23.6	38.4	5.9	0.6
アメリカ	78.1	21.0	0.5	0.0	0.5
トルコ	77.2	14.7	3.4	1.6	3.2

母親	大いにそう	かなりそう	ややそう	ない	非該当
日本	48.5	23.7	26.4	0.8	0.6
アメリカ	86.6	10.6	2.0	0.0	0.8
トルコ	81.7	10.8	3.8	0.4	3.3

図6-7 「思いやり」を教えない日本の親たち（中里, 2003）
　　　対象：中・高生

表 6-1　徳性の獲得への父親、母親、友人の影響に関する日米比較 (日本青少年研究所, 1991)

	父		母		友人		誰からも受けていない	
	日本	米国	日本	米国	日本	米国	日本	米国
1. 人のまねでなく自分自身で考えて行動する	19.0	43.8	17.5	56.5	23.0	27.8	37.0	12.4
2. 他人から迷惑をかけられても、できるだけ許す	15.1	33.6	22.6	62.1	25.8	24.6	37.1	10.3
3. いやなことがあっても、じっと耐える	18.9	51.0	27.6	55.9	18.4	33.7	37.9	5.9
4. 自分の責任を果たす	35.2	58.9	32.3	75.7	12.9	12.4	27.3	4.5
5. 隣人愛の心を持つ	15.2	32.9	30.9	54.1	18.5	12.8	37.6	23.5
6. 他人から信頼される人間になる	32.2	46.9	29.9	65.3	21.2	33.6	26.8	9.7
7. 自分勝手なことをしない	27.5	48.1	36.1	71.9	20.2	23.2	26.3	7.1
8. 明るく朗らかに生活する	27.8	39.3	25.3	67.6	12.2	21.3	35.3	10.6
9. 一生懸命働く	54.0	64.5	43.0	69.0	6.0	26.1	22.3	4.3
10. 自分が損をしても正しいことをする	21.7	51.1	24.3	68.0	11.6	20.3	42.3	9.1
11. 正直な人間になる	32.3	52.3	38.6	80.3	16.1	31.4	31.5	6.6

(注)　日米の高校生各約 1,000 人を対象に調査

く朗らかに生活する」だけである)、友人は大きくは変わらないが、日本は「誰からも影響を受けていない」とモデリングを否定する高校生が多い。「父親を尊敬しているか」に関する 5 ヵ国の国際比較でも、日本の中・高生は他国に比べて尊敬している者が少ない (図 6-8) が、尊敬していなければモデリングは起こりにくいことが指摘されているのである。

　一方マスメディアでは、無責任で自己統制できない大人の姿 (犯罪に走ってしまう者、時に政治家や官僚……) がしばしば報道され、よいモデルを見る機会は少ない。そして攻撃的行動をするモデルや性的な情報が溢れ、子どもたちの攻撃的・性的行動の習得を容易にしている (図 6-9 は、中・高生がそのような機会をもつことが多いことを示している)。

　また大人が子どもの行動に適切に強化を与えることが内面化に必要とされる

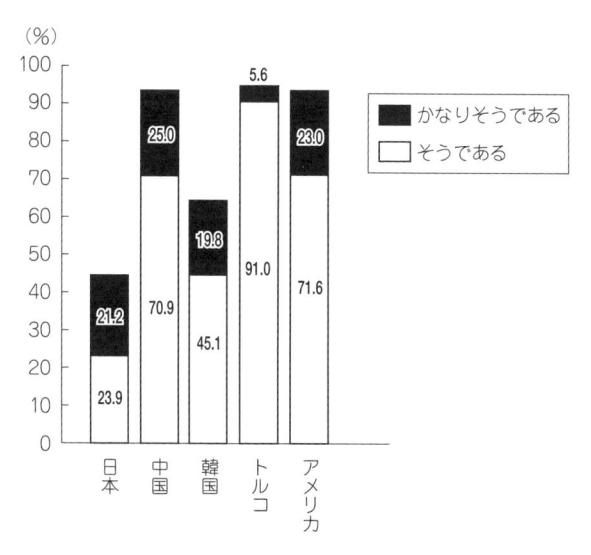

図6-8 「父親を尊敬しているか」に関する国際比較（中里・松井, 1997）

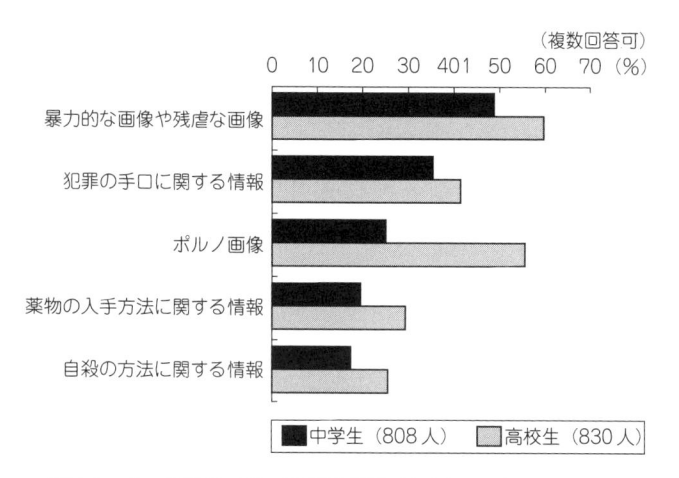

図6-9 中・高生のメディア接触状況（東京都生活文化局, 2002）

が、厳しいしつけと称して強い罰や脅し、体罰を与えることも依然として行われている（この問題は現代以前に多かった問題だが、しつけが弱体化している現代であってもなくなったわけではない）。恐怖・不安から子どもはその場で

は大人に従うが、何が悪いのかわからず、罰を受けないようにするだけで内面化されないことが考えられる。そして親への敵意・憎悪は無意識層に抑圧されて弱い者に向かったり、後年になって爆発する可能性がある。そして罰による支配は力によって支配するモデルを見ること、またそれが有効であることの学習につながり、本人もそのような行動をすることを促すことになる。

3-2 社会的スキル訓練

第6章の考え方からは、大人が善悪の規範をしっかり示し、また大人自身がよい行動をすることが必要とされる。最近社会的学習理論に基づく方法として、**社会的スキル訓練**（Social Skill Training: SSTと略される）が盛んに行われている。

社会的スキル訓練は、道徳性とは少し異なるが、対人行動上の問題の原因を社会的スキルの未学習ととらえて、不適切な行動を修正し、必要な社会的スキルを訓練によって学習させようとする認知行動療法（第Ⅱ部第3章）の1つである。たとえば攻撃的で友達をたたいたり暴言を吐く子どもは、性格に問題があるのではなく、友達に自分の気持を伝えたり、助力を得るスキルが弱い、あるいはもっていないために、結果的にそのような行動をとると考え、そのスキルを学ばせる。オペラント条件づけ、モデリングなどの学習理論を利用して行動の学習、修正を行うものであり、次のようなステップで進められる。

① 教示 —— あるスキルについて、その重要性と意義を説明し、どういう場面で何をしたらいいか理解させる。
② モデリング —— 習得すべきスキルについて、モデルがデモンストレーションを行う。
③ リハーサル（ロール・プレイ） —— 実際に学習者が繰り返し練習する。
④ フィードバック —— 学習者の行動に対して、強化を与えたり、改善点を示す。
⑤ 般化 —— 日常の生活場面へ般化させるために、現実場面で実践する。これは宿題として課される。

表6-2 中学生に「断り方」のスキルを集団で習得させるためのステップ（相川，2000を参考に構成）

教示　→	問題に気づかせる

　　頼まれたら何でも引き受けなければいけないのか
　　上手に断れなくて困ったことはないか
　　よくない例の提示　嫌だが引き受けてしまう例
　　　　　　　　　　　相手を傷つけてしまうような断り方
　　→どうしたら上手に断れるのか　問題意識をもたせる

モデリング　→	上手な断り方について考え、モデルを見る

　　自分も嫌な思いをせず、相手も傷つかない断り方について考えさせる。
　　　　書かせる－発表してもらう
　　意見をまとめる　謝罪－断る理由－断りの表明－代わりの提言
　　それをモデル（教師等）がやってみる。
　　　　聞いていてどんな気持がしたか、何がよかったか言わせる

リハーサル　→	実際に断る練習をする

　　3人一組　断る人　断られる人　見ている人（チェックリストを使って評価）
　　交替して順番にやる

フィードバック　→	振り返り

　　やってみてどうだったか振り返る
　　教師によるコメント　まとめ

ホームワーク　→	日常の生活場面への般化

　　実際の生活のなかでやってみることを促す
　　　　ワークシートに記入し提出

　表6-2は中学生に「断り方」のスキルを集団で習得させるためのステップである。あるいは攻撃的で友達とうまくいかない学習障害児に対して、次のように訓練を進めていく。（佐藤・佐藤，2006）

・「自分もあんなふうになりたい」と感じるような人気者を探させ、なぜ人気があるのか考えさせる。
・どのような行動をするからなのか考えさせ、そのスキルを「するべきこと」とし、不適切な自分の行動を「してはいけないこと」と明確化する。
・指導者が適切なスキルをやってみせる。
・指導者を相手にそのスキルをやってみる（リハーサル）。
・「するべきこと」「してはいけないこと」を何度も言わせて覚えさせる。
・教室で実践するように奨励する。

・担任に支援を依頼して強化と制止をしてもらう。

このようにして不適切な行動を修正し、望ましい行動を形成させるのである。

第7章 道徳性の認知発達理論
—— 子どもの能動性を重視する立場

　第Ⅱ部第4章で、子どもは能動的存在で、自分から外界に働きかけ、外界との相互作用のなかで発達するとするピアジェの考え方を述べたが、道徳性に関しても、大人から教え込まれてそれに従うようになるのが発達なのではなく、道徳観＝「何が正しいのか」のとらえ方（＝認知）が変化することが発達であり、そしてその発達には大人からの働きかけではなく、仲間との相互作用が重要であるとする理論をピアジェは1930年代に提唱した。1960年頃からL. コールバーグがその理論をより洗練・発展させ、子どもも自分なりの道徳観＝「正しさの枠組み」を自ら構成化する能動的・主体的存在であり、さまざまな社会的相互作用を経験するなかでそれを変化させていくとする理論を提唱した。そして認知発達理論の立場から、道徳的正しさを我々はどうとらえるのか、それが何によってどう変化するのかの検討が盛んになされ、発達心理学の理論に基づく道徳教育が提言されるようになった。

　本章では、ピアジェやコールバーグ、その後の認知発達理論が道徳性の発達の過程をどうとらえ、発達を促すもの＝道徳教育をどうとらえているかを述べ、その観点から日本の道徳教育への示唆について述べる。

1　ピアジェの道徳性発達の理論

　ピアジェは道徳性の発達を、道徳的認知（道徳観、世界観）の問題としてとらえ、それまで主流だった「社会規範に同調し社会的権威に従うようになること」を道徳性発達ととらえるE. デュルケムと対立する理論を提示した。そ

して子どもは道徳に関して大人とは異なった理解をしていることを示し、他律から自律へと向かう発達段階を提示した。

1-1 道徳性の発達段階 ── 他律的道徳性と自律的道徳性

ピアジェは、道徳の本質は規則への尊敬にあると考え、子どもが規則をどのように実践し、どうとらえているかを、遊びのルール（マーブル・ゲーム）に対する態度や考え方を調べることから研究を始めた。その結果、規則に対する尊敬 ── 道徳 ── には2つの型があることが示された。1つは、規則は大人から派生し、永続的、神聖なものであり、変えることはできないと考えるもの、もう1つは規則は相互の同意に基づくもので、尊重しなければならないが、同意があれば修正することができるとする考え方である。

前者が拘束あるいは**他律的な道徳性**（大人が悪いといったことが悪いとする道徳観）、後者が協同あるいは**自律的な道徳性**（相互の信頼を裏切ることが悪いとする道徳観）である。この2つの道徳性は、規則以外のさまざまな領域においても見られる。たとえば過失についての善悪判断は、行為の物理的結果から判断する結果判断から、行為者の意図を考える意図判断へと変化する（次のような例話によって発達が査定される）。

例話　意図判断と結果判断

　ジャンは食事によばれたので食堂に入ろうとしています。ところが扉の向こう側にイスがあって、コップが15個のったお盆が置いてありました。ジャンはそのことを知らなかったので、勢いよく扉をあけ、コップは15個全部が割れてしまいました。
　アンリという子は、お母さんの留守の間に、こっそり戸棚のお菓子を食べようとしました。そこでイスの上にのって腕をのばしましたが、手が届きません。無理にとろうとしたとき、そばのコップにさわってしまい、そのコップは落ちて割れてしまいました。
　ジャンとアンリのどちらの方が悪いと思いますか？
　　ジャンの方が悪い。15個も割ったから　　　　　　　・・・結果判断
　　アンリの方が悪い。こっそり食べようとして割ったから　・・・意図判断

表7-1　規則に関する変更手続き（％）(山岸，2004)

おにごっこのルール

	1年	2年	3年	4年	5年	6年
勝手に変えられる	0	0	1.4	5.9	1.8	3.2
大人による	10.9	8.2	8.7	1.5	1.8	3.2
変えられない	7.8	13.7	4.3	4.4	3.5	3.2
仲間の同意	37.5	21.9	30.4	54.4	36.8	66.1
学級での多数決	43.8	56.2	55.1	33.8	56.1	24.2

当番の班分け

	1年	2年	3年	4年	5年	6年
勝手に変えられる	3.1	4.1	1.4	8.8	5.3	4.8
大人による	48.4	39.7	20.3	17.6	33.3	19.4
変えられない	26.6	17.8	24.6	13.2	10.5	6.5
仲間の同意	4.7	5.5	10.1	5.9	7.0	14.5
学級での多数決	17.2	32.9	43.5	54.4	43.9	54.8

自転車通学の禁止

	1年	2年	3年	4年	5年	6年
大人による	31.7	11.0	18.8	10.4	7.1	11.5
変えられない	46.0	65.8	55.1	44.8	58.9	41.0
仲間の同意	1.6	5.5	1.4	11.9	8.9	4.9
学級での多数決	3.2	0	4.3	9.0	3.6	8.2
委員会での多数決	17.5	17.8	20.3	23.9	21.4	34.4

☐ が正しい手続き

おにごっこは一緒に遊ぶ仲間の同意で変えられるルール、当番の班分けは学級全体の同意に基づいたルールに則っており、多数決で変えることができる。一方自転車通学の禁止は成員の同意とは異なる次元で決められているルールである。

　表7-1は「規則は変えられるか」に関する日本の小学生の考え方である。小学校の低学年では他律的な考えが見られ、年齢と共に相互の同意に基づくととらえるようになることが示されている。一方「多数決の神聖視」——どんな場面でも一律にあてはめて使う——が見られ、なぜ使うのか意味をよく理解しないまま正しい方法として使う段階があり、内容的には高レベルであるが大人の言うことを他律的に聞いているあり方と考えられる。

1-2　道徳観を規定する要因

　ピアジェは道徳観を規定する要因として、① 認知的能力と、② 子どもが置かれている社会的関係の2つを考えている。

他律的道徳観は前操作的段階（54ページ参照）と対応している。幼児の認知様式の特徴は自己中心性であり、幼児は自分の視点しかとれないため、主観的なことがらと客観的なことがらの区別ができない。彼らは心理的なものと物理的なものを混同し、道徳や規則も物理的規則と同じようにとらえる（彼らにとって「夜がくると寝、寝る前に入浴しなければならない」ことは、「太陽が昼に輝き月が夜だけ出る」のと同じことなのである）。彼らは道徳的規則をあたかも実在するかのようにとらえ、絶対的なものと考えてしまう（道徳的実在論）。過失に関しても、意図ではなく自分に見えること＝結果に基づいて判断し、また「叱られる」という自分にとって最も重要なことに基づいて判断するのである。

　他律的道徳性を支えているもう1つの要因は、幼児が大人に依存し、大人に対して一方的尊敬をもつような状況に置かれていることである。そのため幼児にとっては大人は常に正しく、正邪の根源は大人にあると感じられる。したがって大人から与えられた規則は絶対に正しく、変えることはできないし、大人から禁止され罰を与えられることをすることが悪いことだという認知がもたれる。

　子どもは他者と2種類の関係をもっており、それが2つの道徳性と関連しているとピアジェは考えている。1つは大人との権威‐服従関係、もう1つは仲間との平等で相互的な関係である。そして前者から生じるのが他律的道徳観、後者が自律的道徳観である。一方的に尊敬し服従している大人との関係においては、子どもは大人が言うことが正しいという認知しかもちえない。そして規則は拘束するものであり、罰を受けることが悪いことだととらえるだけで、規則のなかにある合理性や規則の相対性は理解されない。

　一方、平等で対等な立場にある仲間との関係においては、意見や欲求が対立したとき、どちらか一方が正しいということはない。そしてどちらも譲らないため、両方が納得できる方法を探すことが必要になる。そのためには自分とは異なる他者の立場を理解することが必要になり、そのことが自他の視点の分化を促し、自己中心性からの脱却が可能になる。そして相互の同意に基づいて解決するためにルールがあることに、子どもたちは徐々に気づいていく。また大人の言ったことにそむくことが悪いのではなく、皆の同意によって決めたことにそむくこと、相互の信頼に反することが悪いのだと考えるようになっていく。

つまり子ども同士の相互作用は、① 自分とは違う仲間の見方に触れることで**脱中心化**が促進される、② 仲間との関係は平等で相互的な関係であるため、自律的道徳性に至る要素がある、③ 権威的に介入する人がいないため、子どもたちが自ら考える機会が提供されている、という意味で重要なのである。

1-3　ピアジェが考えなかった大人の役割

　ピアジェは道徳性発達を促すために必要なことは仲間と相互作用をもつことであり、対立が生じたりトラブルが起こったときでも、大人はできるだけ介入せず、子どもたちに自分たちで考えさせ、解決させるようにすることが望ましいとした。なぜなら子どもは自律的道徳観を大人から教わるのではなく、仲間との相互作用のなかで（同化・調節を行いながら）自ら身につけていくからである。

　ピアジェはそのように仲間との相互作用だけを発達促進的と考え、大人に積極的役割を与えていない。しかし自律を促すためには、仲間と相互作用をもたせるだけでなく、大人との関係においても子どもが次第に自律的になるよう励ますこと、大人との関係のなかに相互的関係が含まれていることが必要だろう。そのことについてピアジェ自身は述べていないが、C. カミイと R. デブリースは、子どもをできるだけ自由にし自分の行動を自律的に選択させることが重要で、大人が権威を行使するのは望ましくないとする一方、権威行使が必要な場合もあるとして、子どもが望ましくない行動をしたとき大人がどう対処するかについて、次のことを提案している。

① 権威を行使するときでも、子どもに選択、決定する機会を与える。
② 望ましくない行動をしてしまった場合に、それをやめるように権威的に命ずるのでなく、望ましくない行動を自発的に変える可能性を与える。子どもの行動が何を引き起こしたか伝え、命令ではなく、1つの意見としてあるいは依頼として、してほしいことを伝え、強制的にではなく自発性を尊重しながら行動を変えるようにもっていく。
③ 可能な限り罰を避ける。他人を不快にする行為によって相互の尊敬を破ったことに気づかせる。そして罰を与え償わせるのではなく（大人が咎め

ないことは相互の尊敬を守ることにつながる)、自ら償うようにもっていく。
④ 罰が必要な場合は相互性に基づく罰を使う。相互性による罰とは、罰と罰の対象になる行為との関係が自然で論理的なもので（たとえば本を破いた子に「本を破くと本はなくなってしまう。だから破かないように注意しないのなら、本は使わせない」と言う）、行為の論理的結果を理解させることに役立つ罰である。それに対し罪滅ぼし的罰とは、罰と罰の対象になる行為との関係が恣意的なもので（たとえば「悪いことをしたからデザートはあげない」「遅刻をしたから校庭を10周させる」）、罰の苦痛はあるが、行動を変える必要性はわからないような罰である。【コラム7-1】の「いやいやえん」でわがままなしげるが受けた対応は「相互性による罰」である。

これらの提言には、大人−子どもの間にある力関係の不平等を減らし、大人も子どもを尊重することにより、相互的な関係になることが目指されている。たとえ子どもを権威に従わせねばならないとしても、命令的な強制によってでなく、子どもの意志と自発性を尊重し、子どもが自分の行動について考え、望

コラム 7-1 「好き放題」は楽しいか？ ──『いやいやえん』の場合

　勝手なことばかりしているしげるは、いやなことはせずに好きなようにしてよい保育園「いやいやえん」に連れていかれる。けんかをしたければすればいいし、片付けたくなければやりっぱなしでＯＫ、偏食もＯＫ、好きなものだけ食べていればよい変わった保育園なのである。赤いものがきらいと言っても何も言われないが、「しげるくんは赤いのはきらいだったね」と言われて、おやつのときリンゴはもらえない。自分がやっていることがどういう意味をもつのか、勝手なことばかりやっているとこうなるのだということをしげるは悟らされて、「もういやいやえんはいやだ」と言って、好き放題が許されない自分の保育園に戻っていく。

　しげるは叱られたりお仕置きの罰を与えられたりせず、相互性の罰によってわがまま放題をやめるのである。

〔中川李枝子『いやいやえん』福音館書店, 1962.〕

ましくないことに気づいて自分から変えるようにさせる。そのような権威的ではない相互的な関係をもつことにより、子どもたちは相互の信頼を破ることが悪いということに気づいていく。

　また道徳性発達を促すための大人の第2の役割として、仲間とよい相互作用をもつように援助することがあげられる。なぜなら仲間との相互作用は発達を促進するが、子ども同士の関係が必ずしも自由で相互的な関係とは限らないからである。むしろ仲間との関係は力に支配されやすいともいえる。W. ゴールディングの小説『蝿の王』は、無人島に不時着した少年たちが、大人が全くいない所で自由な自治の生活をおくるが、それが徐々に壊れて、力による支配に堕してしまう過程が描かれている（【コラム7-2】）。次節の2-3でも述べるが、自由で相互的な関係になるように大人が援助することが必要と考えられる。

2　コールバーグ理論

　コールバーグはピアジェの道徳判断の研究を発展させ、ピアジェの発達観により即した道徳性発達理論を提唱した。ピアジェ理論は自分たちで作るような規則だけを扱っていて社会的視点が含まれていないため、自律的道徳性は小学校の高学年でもたれるようになるが、コールバーグの発達段階論は青年期・成人期も含まれている。また子どもの能動性・主体性を重視しながら、発達における教育・大人の役割も重視されており、道徳教育に関する具体的提言や理論に基づく実践もなされている。

2-1　コールバーグの発達観・道徳観

　コールバーグは道徳性の発達を「主体による外界の構成化の仕方の変化」ととらえる。1節でも述べたように、「～してはいけない」「～するべきだ」というような道徳や法に関する問題は、大人・社会から強制されて従ううちに、内面化されて強制がなくても従うようになると考えられることが多い。しかしコールバーグによれば、我々は道徳的社会的規範や法に関しても、与えられたままに受け取るのではなく、主体的に変換して自分なりの受け取り方をしている。

> **コラム 7-2　少年の自治の結末**
> **——『蝿の王』と『芽むしり　仔撃ち』の場合**
>
> 『蝿の王』はW. ゴールディングの小説。無人島に不時着したイギリスの少年たちは、大人のいない世界で、救助のための火を燃やしながら、民主的な自治の生活を営み始める。登場する少年たちは次の3グループに分けられる。
> ① リーダーに選ばれたラーフのグループ —— ルールを決め民主的に運営していこうとする。何が必要か考えて実行していく能力をもち、火を燃やし続けることを重視する。優等生タイプで頭はよいが、ひ弱だったりコミュニケーション能力に問題があったりする。
> ② ラーフと対立するジャックのグループ —— ジャックは力で支配しようとする傾向をもち、はじめのうちは一匹狼的だったが、彼がもつ狩猟の技とナイフにより、豚を射止めて皆においしい肉と狩猟の興奮をもたらすことから、力を得ていく。
> ③ その他の少年たち —— 大変なことはしたくないし、楽しく過ごしたいという欲求で動く。
>
> ①のグループが中心になって協力して事にあたっていくが、狩猟をきっかけにジャックが力ある者と見なされるようになり、一方ラーフが主張する火の番は大変であるのに効果がないこと等から、協力しない者が出てくる。徐々に民主的な体制は崩れて、対立が大きくなっていき、やがて殺伐とした闘争 —— 殺し合い —— になっていく。
>
> 大江健三郎の『芽むしり　仔撃ち』も、疫病が蔓延する山奥に閉じこめられた少年たちが大人から見捨てられ、大人がいない状況で自治の生活をする物語だが、置かれた状況の違いや少年の資質の違いから、連帯して「自由の王国」が築かれる（ただし社会的視点をもたない彼らの王国も一時的な成立にすぎず、大人により壊されてしまうが）。
> 〔ゴールディング『蝿の王』平井正穂訳, 新潮社, 1954/1975; 大江健三郎『芽むしり　仔撃ち』講談社, 1960; 山岸, 2007〕

つまり我々は、外界との相互作用を通して——たとえば「〜はしてはいけない」と言われたり、賞罰を受けたり、他者の怒りや苦痛を引き起こしたりするなかで——、「何が正しいのか」に関する枠組み（それぞれの道徳観）を能動的に構成し、それに従って道徳的なことがらを理解・判断し、行動しているのであ

る。

　たとえば「盗みはいけない」という規範はどの人にも課されており、従うべき規範ととらえられているが、なぜいけないのかの理由は異なっている。ある人にとってそれは「つかまるから」であるし、ある人にとっては「相手の人に悪いから」であり、また「それが許されれば社会が成立しない」という理由の人もいる。つかまることが悪いと考える子どもにとっては、「牢屋に入っている人」は泥棒であろうと政治犯であろうと、同じように悪い人だろう。そのような価値や規範の受け止め方（道徳的認知）＝「正しさをとらえる際の枠組み」が、発達上の重要な問題だとコールバーグは考えるのである。

　コールバーグは道徳性の発達には、文化によって規定される部分と、普遍的な発達段階をなす部分があるとし、彼が問題とする正しさ ── 公正さ ── のとらえ方の発達は文化によらず普遍的だとする。公正さの問題とは、自他の欲求が対立し利益が葛藤しているとき、その対立や葛藤をいかに解決するかの問題であり、他者の立場に立つという**役割取得**（視点取得）が必要とされる。コールバーグによれば公正さの発達は、基本的にどのくらい他者の視点を考慮しながらその均衡をとるかの問題であり、対人的状況に関する均衡や相互性の問題なのである。自他の行為や欲求を考えそのバランスをとることは、複数の人間がいればどの社会にも普遍的に見られるし、均衡の問題は客観的・合理的に考えることができるため、その発達は普遍的な発達段階をなすとされる。

2-2　道徳性の発達段階

　コールバーグは道徳性の発達をこのようにとらえた上で、どのような社会にもあり、道徳判断に際して共通して使われる基本的な道徳的価値（たとえば生命や法律）が葛藤する状況を設定し、どうすればよいか判断させることにより、発達段階をとらえる方法を考案した。次のような例話が提示され、主人公はどうすべきかの判断が求められ、その判断の根拠から、正しさのとらえ方が評定される。

　コールバーグによれば、道徳判断の「内容」── 道徳的葛藤状況でどのような判断をするか（盗むべきと考えるかどうか）、どのような価値を選ぶか（生命か法律か）── は文化によって規定される面もあり、発達上の問題ではない

（発達レベルが同じでも意見は反対のことがあるし、反対に発達レベルが違っても意見が一致することもある）。それに対して道徳判断の「形式」——道徳的決定の仕方や正しさのとらえ方——は、普遍的な発達段階をなすとして、3水準6段階からなる発達段階論を定式化した（表7-2）。法への対し方の観点からは、前慣習的水準は「法に従う」、慣習的水準は「法を維持する」、原則的水準は「法を制定する」（現実の法が原則に則っていなければ作り直す）水準といえる。

発達段階は面接により査定されるが、表7-3はそれを簡略に査定する質問紙（DIT）の項目である（そのなかのAさん（原著ではハインツ）の例話に関する質問項目）。この問題について判断する際に、どのような観点から考えるか、さまざまな考え方をどのくらい重要と考えるかにより、発達段階が査定される。

表7-2　コールバーグの発達段階の概要と各ステージの反応例

（コールバーグ／永野監訳，1969/1987; 山岸，1995から構成）

前慣習的水準（道徳的価値は人や規範にあるのではなく、外的・物理的な結果や力にある）		
ステージ1	罰と服従への志向（罰や制裁を回避し権威に従うことが正しい）	警察につかまるから盗んではいけない。
ステージ2	道具的功利的相対的志向（自分、時に他者の欲求を満たすことが正しい）	つかまってもそうひどい刑ではないし、妻に死なれるよりよいから盗んだほうがよい。
慣習的水準（道徳的価値はよい・正しい役割を遂行すること、慣習的な秩序や他者からの期待を維持することにある）		
ステージ3	対人的一致、よい子への志向（身近な他者からの期待に沿い、よい対人関係を保つことが正しい）	盗まずに愛する妻を死なせてしまうほうが非人間的だ。
ステージ4	社会システム・秩序への志向（全体としての社会システムを維持することが正しい）	盗みが許されてしまうと、秩序が乱れてしまうから、盗むべきではない。
原則的水準（現実の社会や規範を越えて、妥当性と普遍性をもつ原則に志向し、自己の原則を維持することに道徳的価値をおく）		
ステージ5	社会契約的遵法的志向（社会全体によって吟味され一致した基準に従うことが正しい）	生命の権利は人間にとって基本的、普遍的なもので、所有権を凌ぐから盗むべき。
ステージ6	普遍的倫理的原則への志向（普遍的倫理的原則に従うことが正しい）	

> **例話** 　Aさんの奥さんが、がんで死にかかっています。お医者さんは、「ある薬を飲めば助かるかもしれないが、それ以外に助かる方法はない。」と言いました。その薬は、最近ある薬屋さんが発見したもので、10万円かけて作って、100万円で売っています。
> 　Aさんは、できる限りのお金を借りてまわったのですが、必要な額の半分しか集まりませんでした。Aさんは薬屋さんにわけを話し、薬を安く売るか、又は不足分は後で払うから今ある額で売ってくれるように頼みました。でも薬屋さんは、「私がその薬を発見しました。私はそれを売って、お金をもうけようと思っているのです。」と言って、頼みをききませんでした。
> 　Aさんはとても困って、その夜、奥さんを助けるために、薬屋さんの倉庫に泥棒にはいり、薬を盗みました。

表7-3　Aさんの例話に関する質問項目

〈問〉Aさんは薬を盗んだ方がよかったと思いますか、盗まない方がよかったと思いますか。（　）に○をつけて下さい。
　　　　盗んだほうがよい（　）　わからない（　）　盗まない方がよい（　）

☆上の〈問〉について考える際、次の様な問題は、どの位重要だと思いますか。
　　　　非常に重要…5　　かなり重要…4　　いくらか重要…3
　　　　あまり重要ではない…2　　全く重要ではない…1

1. 我々の社会の法律が、そのことを是認するかどうか。（　）
2. 愛する妻のことを思ったら盗むのが自然かどうか。（　）
3. Aさんは刑務所にいくような危険を冒してまで、奥さんを助ける必要があるかどうか。（　）
4. Aさんが盗むのは自分のためなのか。それとも純粋に奥さんを助けるためなのか。（　）
5. 薬を発見した薬屋の権利は尊重されているかどうか。（　）
6. Aさんは夫として、奥さんの命を救う義務があるかどうか。（　）
7. 我々が、他の人に対しどうふるまうかを決める時、根本となる価値は何だろうか。（　）
8. 金持を守るだけの無意味な法の庇護により、薬屋は許されてしまっていいのかどうか。（　）
9. この場合、法律が社会の構成員の最も基本的な欲求の実現を阻んでいないかどうか。（　）
10. このように欲が深く、残酷な薬屋は盗まれても当然かどうか。（　）
11. このような非常事態でも、盗むことが、薬を必要としている社会の他の人々の権利を侵害することにならないかどうか。（　）

☆上の12項目の中で重要だと思ったのはどれですか。
　　　　1番重要（　）　　2番目に重要（　）　　3番目に重要（　）

（山岸，1995）

コールバーグの発達段階の各段階でとられる視点は以下のようなものである。

ステージ1　自己中心的視点 —— 自分あるいは権威者の視点からしか考えられない。自分は罰を受けるか、権威者は罰を与えるかだけで、それとは異なる他者の視点は考えられない。

ステージ2　個人の視点 —— 自分や権威者とは別の「欲求をもつ個人」の視点を考えられる。その他者と自分の欲求を交換概念により満たすことが正しい。

ステージ3　相互作用をもつ他者の視点 —— 自分に対して期待をもつ他者の視点をとることができ、自分の行動を他者がどう見るかを考えられる。

ステージ4　社会全体の視点 —— 具体的他者だけでなく一般的他者、社会からの期待がわかる。自分が社会との関係のなかにあることがわかる。

原則的水準　特定の社会を超えた視点 —— 考えられるすべての視点をとることができる。

2-3　道徳性の発達を促す教育 —— 大人・教育の役割

2-1で述べたコールバーグの人間・発達・道徳のとらえ方は、無道徳的な子どもをしつけ、社会に合う存在にしようとする従来の道徳教育とは全く異なる提唱につながる。コールバーグによれば、子どもは仕方なく外界・大人に従うのではなく、子どもなりの合理的対処として従っているのであり、「罰を受けるからいけない」という道徳観も、子どもなりの合理性に基づいているのである。その道徳観が、経験の広がりと共により合理的で均衡のとれたものになる過程が発達とされる。

コールバーグは我々は外界を一貫した枠組みでとらえようとし、そしてそれをより均衡のとれたものにしようとする志向（均衡化への志向）をもつとしている。つまり子どもも日々の生活のなかで「正しさとは何か」「より正しい正しさとは何か」を問うている「哲学者」なのだという（Child as a philosopher）。そのような均衡化への志向を促して、均衡化の過程を進ませること、発達段階の移行を促すことがコールバーグの考える道徳教育であり、より合理的な認知や判断を可能にすることが目指されるのである。

(1) 従来の道徳教育への批判

　そのような観点から、コールバーグは現在広く見られる2つの道徳教育の立場を批判している。その第1は一定の道徳的価値や規範を教えようとする「注入教育」、第2は反対に「道徳は教えるべきではない」とする価値中立主義である。第1の立場は道徳教育の名の下に行われやすいもので、普遍的な道徳的価値を教えることを目的とするが、コールバーグによれば、それは教師の考えやその文化・社会に規定された価値の押しつけ —— 注入 —— にすぎない。多くの場合、慣習的レベルにある大人・教師が自己流の価値を押しつけているだけで、その正当性は普遍性にはなく、教師の権威に基づいている。そのような教育は、子どもがもつ均衡化への志向を考慮しておらず、一方的・権威的に従わせる管理教育、特に力や脅しを使って教え込むことは、その志向を歪め、萎縮させてしまう可能性がある。

　一方そのような注入教育に批判的な、道徳は教えるべきではないとする価値中立主義も問題である。なぜなら、子どもたちは現実にさまざまな場面で価値の対立に悩み葛藤を経験しているし、教師が価値中立的な立場に立ち道徳的価値に触れないようにしていても、実際には教師は日常の教育場面で価値について何事かを語ってしまっているからである。教師は生徒の行動に対し褒めたり叱ったりしているが、そのことは何が望ましく何が望ましくないのかを伝えることになるし、学級内の管理のために生徒の行動を統制するなかで、社会組織維持のための社会規範を教えている（「隠れたカリキュラム」として）。教師は道徳教育について明確な考えをもたないまま、また自分のもつ価値規範を十分検討することなく、意識化せずにその価値を伝え、道徳教育を行っているのである。つまり大人 —— 教育者 —— は、現実に価値の対立に悩まされている子どもたちに対しその援助を考えるべきだし、教育に携わる限り何らかの形で道徳教育を行わざるをえないのだから、そのことを意識化して適切に行うべきだというのである。

　なおコールバーグの考え方に従えば、「心のノート」もソフトな形での教え込み、権威的な強制として批判されると考えられる。「心のノート」には、自分の内面に目を向けさせ、決められた徳目に自ら向かうようにし向けるという志向が見られる。「わたしにはある」——自分の内面にあるよいものを「たし

3・4年用　　　　　　　　　　　5・6年用

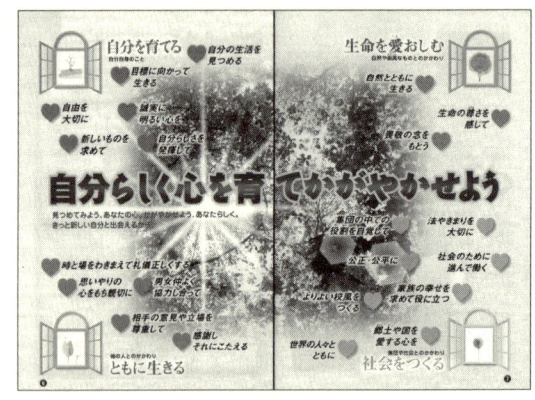

図7-1　「心のノート」

かめてみたい／のばしていきたい」(3・4年)「自分らしく心を育て輝かせよう。見つめてみよう、あなたの心。輝かせよう、あなたらしく。きっと新しい自分と出会えるから」(5・6年) とある (図7-1)。自分の心には徳目にあたるよきものがあるからそれを見つけようという形での強制であり、旧態の道徳教育＋新顔の心理主義という批判もある。何が正しいのかを自分なりに考えるという観点や、社会に目を開く（視点取得の拡大）という観点はない。

(2)　コールバーグが提唱する道徳教育

コールバーグは、① 認知的葛藤の経験が認知の変化、すなわち発達をもたらすと考え、道徳的問題について討論させるプログラム、② 個人が属す集団や組織全体を高レベルで機能する集団にする**公正な共同体**のプログラムを提唱し、実践を行った。

① 認知的葛藤の経験 —— 道徳的討論プログラム

発達は均衡化に向かうとされるが、現在の自分の考え・枠組みで不都合や矛盾を感じなければ、より均衡のとれた枠組みを求める志向は働かない。したがって自分の現在の考え方では解決できないような刺激を与えられて、**認知的葛藤**を経験することが、発達を促すためには必要になる。道徳に関する問題で認知的葛藤が起こるのは、Aの視点をとって問題に対処しようとする者が、Aと

対立し同等の重みをもつBの視点があることを示されたときである。そしてその葛藤を解決するのはAとBを共に含む新たな視点（より均衡化が進んだ1段階上の考え方）をもてたときである。そのような視点を提供され、それを理解することを通して、道徳的思考の発達が生ずる。

コールバーグはこの過程を道徳的問題について討論させることにより効果的に引き起こそうとしている。たとえば「瀕死の重傷を負った子どもを急いで病院に運ぶために車を借りようとして断られた父親が、車の持ち主を殴って車を奪い我が子を病院に運んだ」というような道徳的価値の葛藤が題材に選ばれる。子どもたちはその父親はどうすべきだったか判断を求められ、自分の意見を表明する。道徳的価値の葛藤に直面することは子どもたちに改めてそれらの価値（生命や所有権）を考えさせるし、自分の考えを他者に表明することは、自分の考えをより明確化し、一方で首尾一貫性がない点や不十分な点に気づかせる。また他者の意見を聞くことにより、自分とは異なったさまざまな考え方があることを知り、自分がそれまでとらなかったような視点をとって考えたりする。そして討論のなかでもさまざまな視点に触れ、自分の考えの不十分さに気づいたり、今までとは異なった観点から改めて問題を考え直したりする。討論プログラムのプロセスと、そこでなされていることは表7-4の通りである。

表7-4　道徳的討論プログラムのプロセス

資料（道徳的価値の葛藤場面）を読む。各自で考え判断	自明な価値だが、それらが葛藤していて簡単に解決できないため、深く考える機会になる・自分の考えの不十分さに気づく
自分の意見の表明	思考の明確化・不十分さの気づき
他者の意見を聞く	新たな観点・不十分さの気づき
焦点化された論点について討論	思考の明確化、新たな観点→均衡化

子ども同士の相互作用が発達を促すとするのはピアジェと同様だが、コールバーグは発達における大人の役割を重視し、不均衡 → 均衡化の過程に積極的にかかわり、均衡化の過程がうまく進むように援助することを大人の役割としている。

討論プログラムにおける教師の役割は、まず自由で温かい雰囲気、子どもたちが率直に意見交換できる場を作ることである。教師が正しい答えを知ってい

て子どもの発言を評価するという権威主義的、評価的雰囲気のなかでは子どもたちは思っていることを自由に言えず、教師に認められそうなことを言うように動機づけられてしまう。何を言ってもいいこと、自分なりに考えそれを表明することが重要であることを伝えてサポートすることが、討論の土台作りとして必要である。

さらに教師は不均衡 → 均衡化の過程に直接働きかける役割も担っている。子どもの考えを明確なものにするための質問や、その時点での考え方の限界を考えさせる質問をする。たとえば別の人の立場に立ったらどうか考えさせたり、その考えに従って行動したらどうなるのかをより広い観点から考えさせる（ある1人の立場に立って同情的な判断をしたステージ3の者に対し、本人がとらなかった別の他者の立場を指摘したり、行為がもたらす社会的影響に目を向けさせる等）。そして自分の考えも含めて低次のステージの理由づけが不十分で一貫性がないことに気づかせる。出てきた問題を整理・明確化し、さまざまな意見の一致・不一致点に気づかせ、それぞれの問題点や討論すべき論点を明確にする。そしてより高い考え方を引き出し、その反応を取り上げ、その道徳的思考を理解し吸収するように援助する。

この討論プログラムは道徳の授業で行うことが可能なため、日本でも荒木紀幸らにより「モラル・ディレンマ授業」として試みられている。しかしディレンマが不自然であったり、価値の葛藤になっていない、結論が収斂せず何を学んだのか明確でない等の批判があるし、授業の目標を段階の上昇とすると、目標達成はむずかしい（1段階上昇するためには何年もかかるのだから）。しかし価値について自分なりに熟考し、他者と話し合い、さまざまな考え方に触れるなかで、問題をさまざまな立場から考え、「正しさとは何か」を主体的に考える機会を与えるという意味では、意義があると思われる。短期的な効果を目指す道徳教育ではないが、道徳的な問題を自律的・主体的に考え、問題をより広く考える機会にはなると考えられる。

② 「公正な共同体」（Just Community）のプログラム

以上の討論プログラムは授業時間に行われるが、コールバーグは個人の道徳性発達は個人が属する集団の道徳性のレベルの影響を受けるとして、道徳教育の範囲を学校生活全体に広げて考えている。公正さを教えたければ公正な集団に

属することが必要だし、民主主義を教えたければ民主主義的に運営されている集団にしなくてはならないからである。矯正機関でもある刑務所が「公正」ではなく低レベルで機能していると感じられていれば（見つかれば罰を受ける、取り引きでものごとが進む等）、メンバーは低い道徳性から抜け出せないとコールバーグは指摘している。

　コールバーグは適切な道徳的環境の条件として、(1) 集団の成員は規則を守り集団が高いレベルの考えに基づいて機能していて、公平だと感じられていること、(2)「我々の集団」という意識（共同体意識）をもち、集団の成員であることに誇りをもっていることをあげている。そして学校組織をそのように機能させるために「公正な共同体」プログラムを実施している。それは直接民主主義に基づく自治組織で、週1回開かれ全員が参加する総会で、学校の規則の問題や学校生活で生じたさまざまな問題、違反者への対処などの問題が話し合われる（下部組織として10数名で話し合う小グループや規律委員会等がある）。生徒と教師は同等の権利をもち、様々な方針や規則に関して生徒自身の決定が認められている。自分たちの責任において意志決定する経験を与えられ、公正さ、道徳的正しさの観点から討論をして決定することが、「正しさが機能している集団」と感じさせ、道徳性の発達を促すと考えられ、高校で実施されている。

　生徒の自治を認め生徒に教師と同等の権利を認めながら、正しさが機能する集団を構成することは、現実にはとてもむずかしいことである。生徒に自分たちで決めさせようとするのは、子どもも理性的な存在であって正しい解決を求めるのだということが前提になっている。現実には我々は理性的であると同時に非理性的な面ももつから、基本的には生徒の自治を認めながら、理性的な面が機能するように配慮し、場合によっては教師が権威をもって導くことも必要になると考えられる（ただしその兼ね合いは大変むずかしく、教師の援助が強くなれば、教師主導の集団活動になってしまう可能性もある【コラム7-3】）。

　前述の『蠅の王』には、大人が全くいない所で自治の生活をおくることになった少年たちが、はじめは民主的な集会を開いてその決定に基づいて行動しているが、徐々にその体制が壊れ殺伐とした闘争になっていく過程が描かれている（【コラム7-2】参照）。子どもたちだけにまかせてしまうと、その集団で優勢な発達レベルでものごとが進行し高レベルの思考が取り上げられなかったり、

> **コラム 7-3** 『滝山コミューン 1974』
>
> 　上からの押しつけを排し、集団での自主的活動を支援する教育を目指す全国生活指導研究会（全生研）の教師が行っていた教育を、それを受けていた小学生が 30 年後に歴史学者になって当時を回想したドキュメンタリーである。「民主的なよい教育」「よきコミューン」を作ったと思われていた教育、子どもたちの自治を認め、集団で活発に行われた自主的活動が、実は背後にある教師の強い意図によって操られていて、別の形の権威主義になり抑圧的なものだったことが、著者や友人たちの現在の語り ── 30 年後の回想 ── を通して、当時著者が感じていた違和感と共に明らかにされる。この教育は「公正さ」に基づく Just Community とは異なるものであるが、子どもたちにかかわるなかで力をもってしまう大人のあり方のむずかしさが示されている。
> 　　　　　　　　　　　　　　〔原武史『滝山コミューン 1974』講談社, 2007.〕

あるいは力をもつ子の考えで一方的にものごとが決まってしまい、話し合いが機能しなくなったりするおそれがあることが示されている。せっかく民主的に話し合って決めようという気持があり、民主的で高レベルの思考をするリーダーがいても、状況によってはそれがうまく機能しないこともあり、大人が討論の過程を導いたり、「正しい解決」を求める志向を取り上げ、援助することが必要になるといえる。

3　コールバーグ以後の理論と日本の教育への示唆

　コールバーグは道徳性研究に大きな影響を与えたが、その考え方を受け継ぐ研究として、道徳と慣習を別の領域としてとらえる E. テュリエルの理論、発達段階論に視点取得をより明確に組み入れて対人的葛藤の解決や思いやりの教育を検討している R. セルマンと M. ホフマンの理論について簡単に紹介しながら、現在の日本の教育への示唆について述べる。

3-1　テュリエルの理論

　テュリエルによると、社会的知識は道徳、慣習、個人という3つの独立した領域から構成されている。道徳は他者の権利や正義に関係することで、規則があるかどうかとは無関係な普遍性をもつ領域である。それに対し慣習は社会集団に参加している成員間の関係を調整するもので、規則があるから従うというものである。個人領域は行為の影響を受けるのは自分だけで、自己の統制下におかれる行為に関する領域である（表7-5）。

　道徳領域の違反には被害者が情緒的反応や報復を示したり、あるいは大人が被害者の気持を伝えるのに対し、慣習違反に対しては大人は叱責したり命令をして規則について言及することが多い。幼児でも直観的に道徳と慣習をある程度分けてとらえることができるが、発達と共にその分化が進み、慣習の理解は道徳とは別の段階を進むとしている。

　法や規則のなかには道徳に近いものから、慣習的な単に決めたから守るというような、特に根拠のないものまでさまざまある。つまり他者の権利を侵すことを禁じる法律から、「信号が赤のときは止まる」「車は左側通行」というような内容的には恣意的な、社会秩序のための約束事までさまざまある。その区別ができるようになることは重要であるが、「規範意識の育成」というときに、その中身を問わずに一律に守らせようとするような教育も多いように思われる。

　たとえば【コラム7-4】は、トイレの掃除を生徒がすることをめぐる教師と高校生のやりとりである。高校生はなぜ自分たちがトイレの掃除をしなければならないのか、その理由を問うているが、教師は「生意気言うな。つべこべ言わずさっさとやれ」と言うだけであり、「学校の規則は最初から無根拠。生徒たちが合理的に選択し納得して守っているのではない」としている。しかし「トイレ掃除を生徒がする」ということは、「信号が赤だったら止まる」というような単なる約束事、決まっているから守るという理由のない便宜的なものとは異なって、それなりの理由、教育的な意図や合理的な理由があると思われる（たとえば生活の自立、自分たちのことは自分たちでやる、そのことによりきれいに使おうという気持になるというような）。確かに生徒が理由を聞くのは、単なる不平の気持からかもしれず、なかなか納得しない可能性もあるが、教師

表7-5 領域特殊理論による社会的知識の分類 （首藤，1992）

	領域		
	道徳	慣習	個人
知識の基盤	正義や福祉や権利といった価値概念	社会システムに関する概念	自己概念、他者の思考・感情に関する理解
社会的文脈（具体的な他者からのフィードバックの事例）	行為に内在した情報（行為が他者の身体・福祉・権利に与える直接的な影響）	社会的関係を調整するための、恣意的ながらも意見の一致による行動上の一様性	行為が行為者自身に与える影響
	けがや損失・損害の言葉がけ、視点取得をうながす言葉がけ、直接的な情緒表出、しかえし、命令、権利・公正への言及・叱責	規則の言及、望ましい行動を示す言葉がけ、秩序を乱すことへの注意、大人への言いつけ、命令、叱責、冷やかし	………………
具体的な行動事例	盗み、殺人、いじめ、詐欺（嘘）、援助	挨拶、呼称、生活習慣、テーブルマナー、校則、服装	趣味、サークル活動、友人の選択
基準判断 規則随伴性	無関係	随伴	………………
権威依存性	独立	依存	………………
一般性	あり	なし	………………
規則可変性	不可能	可能	
個人決定権	なし	なし	あり
理由づけカテゴリー	他者の福祉、公平・不公平、絶対に許されない行為、義務感、権利	期待・規則、社会秩序、常識・習慣からの逸脱、無礼行為	自分自身の問題、規則の拒否、許容範囲の行為、規則存在の不公平

が自分の考える理由を伝える努力は必要だし、やりたくないことをするにあたって自分なりに理由を理解したいという生徒の思いに、やはり教師はできるだけ応えるべきだろう。そして「やりたくないからやらない」でいいのか、他のやっている人はどうなるのか、不公平ではないかと問うてもよい。重要なことは、集団にあるさまざまな規則が何のためにあるのか、破ることがどういう意味をもつのか、他者にどのような影響を与えるのかを考える志向性を育てるこ

> **コラム** 7-4 なぜ掃除当番をしなくてはいけないのか？

教師　なぜ君は、掃除をしないんだ。
生徒　だって先生、便所掃除をどうして生徒がやらなければいけないんですか。先生方はこんなことをやっていますか。こういうのは、僕は生徒の虐待だと思います。
教師　生意気言うな！　君は掃除当番なんだよ。当番をサボることは許さないぞ。
生徒　そんなの理由になっていないじゃないですか。僕は便所掃除をどうして生徒がやらなければならないのか、その理由を聞いているんですよ。アメリカなんかでは、業者を入れているという話じゃないですか。
教師　あのな、ここは日本なんだよ。そして君は生徒なんだ。つべこべ言わずにさっさとやれ！
生徒　答えになっていませんね。先生がそういう態度なら、僕は絶対にやらない。

　この「便所掃除をすること」という項目に、「頭髪についてはパーマや染髪を認めない」や「バイクでの登校は認めない」といった項目を当てはめてみていただきたい。そうすると、まったく同じ質の会話が成り立つことがわかるだろう。
　つまり、この種の学校の規則というものは、「どうして」「なんで」というぐあいに、根拠のそのまた根拠のそのまた根拠の … というようにどんどん追求していけば、最後には「とにかくそうなっているんだ！」と決めつけるしかなくなるのである。そもそも最初から無根拠な性格のものであるのだ。
　だから、「そこに合理的な根拠があるのか」という人権弁護士の言い方は、じつはまったくのないものねだりである、ということになる。それは、一見ひどく不思議なもののように思えるが、じつはすこしも不思議なことではなく、きわめて常識的なことですらある。たとえば、一度でも子育てをしたことのある人なら、幼い自分の子どもに物事の基礎や習慣を教えていく場合、最後にはこのようなかたちで「とにかくそうなっているんだ！」と決めつけるしかなくなる経験をしたことが必ずあるはずだ。
　学校のさまざまな規則を守るということは、生徒たちが合理的に選択し、その内容に納得ができたから守っているのではない。その学校の中にいる多くの生徒たちが一定のスタイルをとっているという、まさにそのことによって、自然に習熟されていくものなのである。

（喜入克『高校が崩壊する』草思社, 1999 より）

表7-6 ルールとは何のためにあるのだろう？

　法やきまりは、スポーツのルールと同じこと。たとえば、ボールの単なる奪い合いとなったラグビーは、競技として成り立たないばかりか、観戦している私たちに感動を与えることもないだろう。
　ラグビーでも、バレーボールでも、サッカーでも、野球でも、これは、スポーツ競技すべてに共通する。競技の中でルールはだれもが守るべきものとして定められ、もしこれに反する行為があったなら、失格となり、罰せられる。
　世の中に目を転じれば、法やきまりは、つまり社会のルール。スポーツのルールと同じことなのだ。
（『心のノート』中学生版より）

とである。

「心のノート（中学生用）」では、社会のルールを守ることをスポーツのルールから導こうとしている（表7-6）。しかしスポーツのルールは皆で決めたきまりごと、ゲームを成立させるための約束事にすぎない。法も皆がそれを守ることにより社会が成立し秩序が保たれるという意味で似ている面はあるが、法には違反をすれば誰かの権利を侵害するという道徳的な側面も含まれており、社会の成立とゲームの成立を同様に考えることはできない。それを「同じ」とし、規則にはさまざまなものがあるのにそれらを一緒にしてしまうところに問題があり、心のノートの「社会的視点」のなさが露呈されている。

第1章で述べた規範意識の稀薄化（図1-6、1-7参照）も、道徳と慣習の問題から考えると、その分化が進んだことによる可能性もある。日本の青少年は人の権利を侵害するような「道徳」的な規範に関しては違反を悪いとする一方、大人への反抗や比較的個人的なことがらに関しては「本人の自由」と答えているのであり、米国や中国よりも道徳と慣習の分化が進んでいるとも考えられる（ただし、慣習と個人の分化が不十分になっている可能性はある）。

3-2　セルマンの理論

セルマンはコールバーグ理論にも内在している他者の視点をとる能力についての発達段階論や、さらにそれと関連した対人交渉方略の発達段階論を展開した（表7-7）。

子どもは発達と共に自分、相手、第三者、社会的集団の視点を学んでいく。これらの視点を育成するための方法は、まず一人称を使って自分の立場や視点

表7-7 対人交渉方略の発達段階 (Selman & Yeats, 1987; 山岸, 1998)

	他者を変える方向	社会的視点取得能力	自分を変える方向
レベル0	自分の目標を得るために非反省的・衝動的・非言語的に力を使う 喧嘩・暴力的にとる・たたく	未分化・自己中心的	自分を守るために非反省的・衝動的・非言語的に引きこもるか従う 泣く・逃げる・隠れる・無視する
レベル1	一方的に命令して他者をコントロールする 命令・脅す・主張する	分化・主観的	自分の意志を持つことなく他者の希望に従う 従う・あきらめる・助けを待つ
レベル2	他者の気持ちを変えるために心理的影響力を意識的に使う 促してさせる・収賄・物々交換 始めにやる理由を言う	自己内省的・相互的 (reciprocal)	相手の希望に心理的に従って自分の希望は2番目に位置づける 調節・物々交換・2番目にやる・理由を尋ねる
レベル3	第三者的・相互的 (mutual) 相互的な目標を追究し自他の両方の欲求を協力的に変えるために自己内省と共有された内省の両方を使う 相互の欲求と関係を考慮して葛藤を解く・協力する		

を表現させ、次に他の人の視点をとらせ、それが自分の視点と異なること、その人が自分をどう見ているか表現できるようにする。さらに第三者の視点を学ぶために観察者の視点を経験させ、自分と他者を人がどう見ているか学ばせる。最終的には社会的集団の視点をとれるようにすることをセルマンは提唱している。

そしてVLF (Voice of Love and Freedom) という対人的な葛藤を含むさまざまな物語を使って視点取得を促し道徳性の発達を促進させるプログラムを実践した。日本では渡辺弥生が道徳教育への応用を試みている。それは以下のような4つのステップ(結びつき／話し合い／実践／表現)からなっている。

① 結びつくこと (To connect) ── 教師が個人的経験を生徒に話すことによって、教師と生徒の信頼関係を築く。教師は自分の話を他者に話すモデルを生徒に提供している。
② 話し合うこと (To discuss) ── 教師が物語を読み、生徒はその物語を擬

似的に体験する。他者の感情や立場をワークシートの吹き出しなどを利用して推測する。ペアで、パートナーにインタヴューをし、1人ひとりが「聞き手」「話し手」を体験する。

③ 実践すること（To practice）── 対人葛藤場面における問題解決のための行動を模索し、ロールプレイによって擬似的体験をする。友達のロールプレイを見る。

④ 表現すること（To express）── 書くという表現活動を通して、自分の心に内在化した思いを表現する。日記（自分に対して自分を表現）、手紙（自分と相手の2者関係のなかで表現）、物語を作る（第三者的立場で表現）などの各ジャンルを発達段階に応じて課題として与える。

4つのステップ　授業案づくり

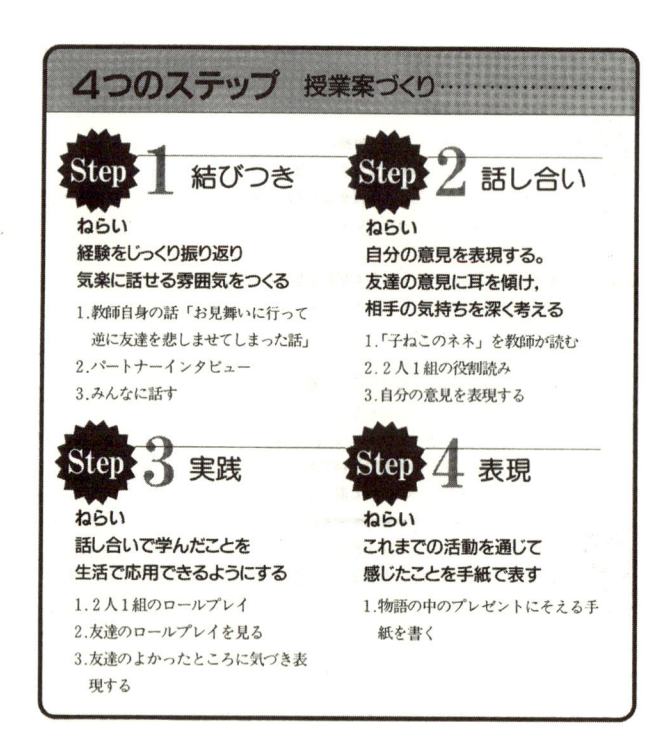

Step 1　結びつき
ねらい
経験をじっくり振り返り
気楽に話せる雰囲気をつくる
1. 教師自身の話「お見舞いに行って逆に友達を悲しませてしまった話」
2. パートナーインタビュー
3. みんなに話す

Step 2　話し合い
ねらい
自分の意見を表現する。
友達の意見に耳を傾け、
相手の気持ちを深く考える
1.「子ねこのネネ」を教師が読む
2. 2人1組の役割読み
3. 自分の意見を表現する

Step 3　実践
ねらい
話し合いで学んだことを
生活で応用できるようにする
1. 2人1組のロールプレイ
2. 友達のロールプレイを見る
3. 友達のよかったところに気づき表現する

Step 4　表現
ねらい
これまでの活動を通じて
感じたことを手紙で表す
1. 物語の中のプレゼントにそえる手紙を書く

図7-2　VLFを用いた小学3年生用教材と授業案（渡辺, 2001）

授業の目標──友達を励ましたい時「相手の立場になって考える」ことの大切さに気づく
　教材──可愛がっていた子ねこが死んでしまって悲しんでいる友達を励まそうとして、かえって怒らせてしまう主人公のお話

図7-2は小学3年生用の教材と授業案である。幼稚園から小学6年生までの実践記録が報告されているが、適切な物語を使うことで中・高校生で行うこともできると思われる。

VLFプログラムでなされていること、目指されていることは、① 自己の視点を表現すること、② 他者の視点に立って考えること、③ 自己と他者の違いを認識すること、④ 自己の感情をコントロールすること、⑤ 自己と他者の葛藤を解決すること、⑥ 適切な問題解決行動を遂行することであり、状況をどう見るかという認知面と、現実的なスキルを習得するという行動面の両方の発達が目指されているといえる。

3-3 ホフマンの理論

日本の道徳教育では、かわいそうな気持をもたせて共感性を強めることが目指されることが多い。かわいそうな場面で**共感**が引き起こされることは思いやり行動の基礎だが、他者の困惑事態に対する共感とそれに基づく思いやり行動は非常に早期から見られることが報告されている。たとえば1歳半の子でも泣いている子を慰めようとする。しかし彼らは他者の内的状態が理解できず自分と同じと考えてしまうため、泣いている子の所に自分の母親を連れていったり、大人を慰めるのに自分のぬいぐるみ（自分を慰めてくれるもの）を渡したりするのである。ホフマンによれば、幼児と大人の共感の違いや共感性の発達は、自他の視点の分化、自他のとらえ方などに規定された認知的なものなのである。

ホフマンの共感の発達段階は表7-8の通りである。

認知的発達と共に自他や状況の理解が進み、状況や相手にあった共感になっていくこと、その場そのとき限りの同情ではなく、なぜそうなるのか、どうしたらいいのかを客観的、持続的に考えられるようになり、状況要因だけでなく間接的な要因や背後の要因も考えた共感になっていくことが発達といえる。そうであれば共感性の発達を促すのは、かわいそうな状況をたくさん見せて共感させるということではなく、状況や自他の理解を促すという認知的働きかけが重要ということになる。情緒的働きかけは他者の苦痛状態に気づかせたり他者の人権を考えさせるきっかけとして必要であるが、それが過度になると「情緒の押しつけ」となり、素直に共感できない子が出てきたり（【コラム7-5】）、情

表7-8 ホフマンの共感性の発達段階 (Hoffman／菊池他訳, 2000 / 2001)

Ⅰ. 自他未分化、反射的な共感（1歳頃）
　他者の困惑をみると、自分が経験しているように感じる
　　ex. 他児がころんで泣く→泣きそうになり母親にしがみつく
Ⅱ. 自他が分化するが他者の内的状態はわからない（1→2歳）
　困惑しているのは他者であることはわかっているが、他者の内的状態はわからず、自分と同じと考える
Ⅲ. 視点取得ができ、他者が自分とは異なった内的状態をもっていることがわかる
Ⅳ. 他者を、彼自身の歴史とアイデンティティをもつ連続的な人として見る
　その状況での手がかりだけでなく、一般的な状況を考慮できる

緒にとらわれて客観的な認知が阻害されることにもなりかねないのである。他者に共感し思いやり行動を引き出すだけでなく、客観的な認知の発達を促して、相手の立場や状況に合った適切な行動を考えられるようにすることが重要と思われる。

コラム 7-5 『小さなテツガクシャたち』── 杉本治くんの例

　大分前（1985年）のことだが、横浜の小学生が学校批判の言葉を残し高層住宅から飛び降り自殺した事件があった。この事件は担任教師が自分が考える「よさ」を押しつけたことが原因と考えられている。杉本くんは障害者が健気に生きている様子を描いた映画（『典子はいま』）に対する感想文に、「感動なんてしない」「こじつけ」「話が甘い」と、障害者への認識を深め思いやりを引き出そうとする教師側の意図に反することを書き、書き直すように言われる。また世の中で正しいとされていることが、実は「人間が勝手に決めたことにすぎない」と考えるようになっているが、担任から「心が曲がっている」「おかしい」と言われる。自分なりにいろいろ考えようとしていた彼は、感動を強いられ、担任の考える「よい子」であることを強要されることに絶望し（そのことを理解してくれる人もいなかった）自ら生を絶ってしまうのである。

　　　　　〔山本哲士編『小さなテツガクシャたち』新曜社, 1986; 山岸, 1996〕

第8章 道徳性・社会性の発達における大人の役割
―― 望ましくない行動への対処

　道徳性の発達を促すにはどうしたらよいかについて2つの立場から述べてきたが、この問題は日常的には、「子どもの望ましくない行動にどう対処するか」という形で問われることが多い。適切な対処は、状況により、また子どもの状態や心理によって異なり、第6章と第7章が統合された形になると考えられる。基本的には子どもの能動性を重視し、その行動が望ましくないことをわからせることが重要だが、しかしそれだけではうまくいかないときには、大人が権威を行使することも必要になるといえる。どのような場合に、どのようなタイミングで、どのように働きかけるか、何を考えて対処する必要があるのかについて、以下にまとめてみた。

(1) 自ら気づいて自主的にやめるのを待つ

　大人から言われなくても、自分がやったことが望ましくない行動であることに気づいて、自主的にやめれば、それが一番よい。言わなければやめずにいつまでもやっていると考えて大人は介入するが、子どもでも「悪いことをした」とわかることもある。2歳くらいの子でも、ものを壊したり他児を泣かせたりすると顔色が変わることが報告されている。そのようなわかりやすい結果は幼児でもわかるため、「自分がやったことは悪かった」と理解できるのである。「先生・大人に怒られるからやめる」のではなく、現在目の前にある状況が自分の行動の結果であることに気づき、以後やらないようになる方が自律的で望ましい。

【事例1】

　6月の初め、保育室の前の花壇にニンジンの種まきをした。注意書きには「発芽しにくい」とあったので、水やりをしながら、芽が出ることを心待ちにしていた。何日か過ぎ、小さなニンジンの芽が点々と出てきた。

　ある日、「あっ、TちゃんとDちゃんが花壇に入っちゃった」という声が聞こえた。花壇の前に行ってみると、足跡がいくつかついている。そして、やっと出た芽が踏まれていくつも倒れていた。芽が出たことをまだ知らない子には、そのことを知らせたかったし、何より T子や D太には、自分たちがしたことがどのようなことだったのかに気づかせようと思い、花壇の前に皆を集めた。

　「この前まいたニンジンの種が、やっと芽を出してねえ…。あれ？　ここのところ芽が倒れてる、あ、足跡だ、踏まれちゃったのかな」と言うと、みんなが「えーっ？」と花壇を覗き込み「さっきTちゃんとDちゃんがねえ…」「花壇に入っちゃいけないんだよ」などと大騒ぎになる。

　T子とD太の方をちらりと見ると、肩を寄せ合ってしゃがみ、神妙な面持ちをしている。そして、きまり悪そうにどちらからともなく手を握り合っている。「そうだね、やっと芽が出たからね、花壇に入らないようにするというのはいい考えだね」とT子とD太には直接何も言わず、みんなに向かって言う。

　「そうだよそうだよ」「だってかわいそうじゃない」などの声が飛び交う。

　「そろそろお昼にしようか」と倒れた芽を起こしながら声をかけると、みんなはぞろぞろと部屋に戻っていく。ふと見ると、T子とD太は、まだ花壇の前にしゃがんでいる。そして、まだ倒れたままになっている芽をじっと見ている。D太が、すっと手をのばし倒れた芽を起こそうとする。

　2人の隣にしゃがみ、「入ったの？」とそっと聞いてみる。こっくりとうなずくD太。「ごめんなさい」と神妙なT子。「分かった、分かった。ほらこれで倒れた芽は全部起き上がったね。早く大きくなるといいね」と声をかける。そして3人で、まだ倒れたままになっている芽がないか確かめてから部屋に入る。

　その後、水やりをしたり、何度も花壇を覗き込んだりしてニンジンの成長を楽しみにする2人の姿が見られるようになった。

（文部科学省，2001，一部改変）

【事例1】は仲間の言葉が気づきのきっかけになっているが、大人に説明されなくても、倒れてしまった芽が自分の行為の結果であることに気づいている。自分が悪かったとわかれば、大人から注意されたり怒られたりしなくても、子どもは自主的に行動を変えることができるのである。

(2) 情報を与えて気づかせる

待っていても気づかずやめない場合は、情報を与えて気づかせ、自分からやめるようにし向ける。自分が何をやったのか、何が悪かったのかわからないときは、考えさせ（その結果自分でわかれば(1)になる）説明してわからせる。

図8-1の漫画では、母親が考えるべきことを示し、それだけでは気づかないので、望ましい行動を示している。【事例2】のM男は相手が嫌がっていることがわからず、自分が悪いとは思っていない。そのため教師にやめるよう言われて納得できない様子であった。夏休み中の家族の様子を聞いて事情をつかんだ担任の説明により、M男は自分の行動のもつ意味を理解し、不適切な行動をしなくなっている。この説明がなければM男は何が悪いのかわからず、やめさせられたことに不満をもち、担任との関係は悪くなるし、担任がいないところではその行動をやめないだろう。

これは基本的には罰を与えずに、ヒントを与えたり説明して気づかせることであるが、「悪いことをしたときに叱る」ことも含んでいる。「叱る」ことは制裁の意味と同時に情報を与えることにもつながっており、子どもの行動が何をもたらしているのか、なぜその行為が望ましくないのかを示すような罰＝情報は、子どもが気づかない場合には必要といえる。

(3) 指示・教示 → やめさせる

(2)のように情報を与えてもやめない場合、ときには権力を行使してやめさせることも必要になる。大人の権力行使はできるだけ避けて、自らやめるようにし向けることが子どもの自律性のためには必要だが、その行動が重大な結果を引き起こす場合は、すぐにやめさせることが必要である。危害が予想されるような混沌とした状況は避けねばならないからである。また止めないとエスカレートする可能性がある行為は、強制的にやめさせないと、本人も傷つくことになる。

図8-1　何がいけないか考えさせる
（明橋大二『子育てハッピーアドバイス2』1万年堂出版，2006）

【事例2】
　多くの幼児は、浮き輪をしたまま水に浮くことを楽しんでいる。その中でM男は、浮き輪をはずして潜水する遊びを始めた。M男は「先生、見て」と叫びながら何度も潜っている。「わあ、もぐれるようになったのね」と担任は感嘆の声を掛ける。
　すると今度は、M男は、周囲にいた幼児の頭を次々に押さえ付けて水に沈めようとした。プールサイドから見ていた担任が「Mちゃん危ない。やめなさい」と注意する。M男は一瞬やめるが、再度友達の頭を押さえ付けようとする。担任が急いでM男に近づき、「友達の頭を押さえるのは危ないから

やめよう」と体を押さえて制止する。

　しかし、けげんな顔をするM男。なぜいけないのか理解できない様子である。M男は「ぼく帰る」と、突然棒立ちになりうつむく。そこで担任は「Eちゃんの顔を見てごらん」と、無理やり沈められたE夫の表情を見させた。E夫は今にも泣きそうであった。担任は、「無理やり沈めたら人は死ぬ場合もあるのよ」と真剣に叱った。M男は「わかった」と言うが、まだ納得がいかない様子である。

　担任は降園時に、保護者から夏休み中の水遊びの情報を得ることにした。すると「夏休みに家族で、じゃんけんで負けると頭を押さえて水に沈める遊びをした」ことがわかる。水に潜ることができるようになったばかりのM男は、その遊びが楽しかったらしい。担任は、M男にとって「楽しかったこと」を再現しただけであったことを初めて理解した。

　担任は、M男と再度向き合って、「お父さんとお母さんともぐりっこをしたんだってね」と声を掛ける。M男は「うん」とうれしそうにうなずく。「でもね、幼稚園ではやめてほしいの」と言うと、M男は「どういうときなら、やっていいの？」と尋ねてくる。担任が「いいことに気がついたね。もぐりっこは、やっていいときと悪いときがあるよね。Mちゃんは楽しいよね。Eちゃんはどうだったかしら」と、E夫の表情を思い出させるように話す。すると、M男は「泣きそうだった」と小さい声で答える。担任は「よく気がついたね。水にもぐるのがまだ怖い人もいるよね。もぐるの大好きな友達を見つけて、友達にやっていいって聞いて、いいよって言ったら大丈夫だと思うけど」と言う。M男は「わかった」と大きくうなずき、納得した表情になった。

　M男は、翌日のプールでの水遊びでは、無理やり友達を沈めることはなかった。

（文部科学省, 2001, 一部改変）

【コラム 8-1】は、家庭内暴力を続ける息子を父親が金属バットで殺した事件の裁判の公判記録の一部である。政彦くんの父親への暴力はエスカレートする一方であったが、民主的で本人の自律性を尊重する全共闘世代の父親は、権力行使を避けて息子の行為を「受容」し暴力を受け続け、遂に耐えられなくなって殺害に至ったという悲劇である。父親は親の愛が一番重要であり、何でも受け入れることが大事だと考え、息子の言うことは理不尽なことでもすべて聞き入れ、猛烈な暴力にも抵抗しないという方針を守り続けた。しかし他者による制止が一切ない暴力はエスカレートする一方であり、どんな状況でも統制せずに自律性を尊重することの危険性が示されている。

> **コラム 8-1　父親による息子殺害事件**
>
> **第 6 回公判。被告人質問の 1 回目**
> 　政彦が XJAPAN に心酔していまして、政彦の心の支えだったと思うのですが。暴力の闇も彼を支えていて、1 人のファンとしてですね。ある日政彦がメンバーの 1 人（ヒデ）の赤い帽子が欲しいと言い出しまして、私と一緒に買いに行きたいと言い出しました。私はお金がなくて、それを言ったら叱られて、うちの中にあったお金を何とかかき集めました。7 時ちょっと前だったと思うのですが、二人で自転車で外に出ました。外に出てしばらく行くと、政彦が「もういいよ、帰ろう」と言いました。顔を見ると、かなり違っているので、私は帰ったら殴られると思い、落ち着かせようと 30 分ぐらい押し問答になりました。そうしたらお店が開いている時間に間に合わなくなって、結局は帰りました。
> ── 殴られると思ったのですか？
> 　帰りながら 70 ％は殴られる、政彦が荒れると思ってしんどい気持で帰りました。
> ── 帰ってどうでしたか？
> 　帰ったら政彦がドアにチェーンをかけ、奥の部屋に行き「土下座しろ」と言いまして、土下座したら、それから暴力が始まりました。
> ── 拒否は？　拒否しなかったのですか？
> 　出来ませんでした。読んだことのある本の中に、体の大きなお父さんが同じような状況で土下座したということが書いてあったのを思い出して、それ

と同じことだと思いました。ですから抵抗しませんでした。足で蹴り、手でも殴り、こたつの板を投げつけるという暴力で、この時、政彦は泣いていたと思います。
　── それを見てどう思いましたか？
　　政彦はつらいんだな、と思いました。
　── どんな気持でいましたか？
　　とにかく耐えて、暴れたら落ち着くんだと思っていました。
　── 怒りの気持になりませんでしたか？
　　やはり、政彦が苦しんでいるのだと思っていましたから。
　── この日以来あなたは何をしましたか？
　　11月2日のこともあったので、本屋に行き、家庭内暴力や思春期の本を何冊か買って読みました。
　── 読んで、政彦君とどう対処しようと思ったのですか？
　　一つは親の愛。一番いい医者は親の愛だということ、親が一番いいと思っていました。もう一つは拒絶ではなく親が受けとめること。これについては専門学校で学んだこともあるのですが、『受容』と関係があって、そうなんだ、受け入れてあげることが大事なんだという、その2点を感じました。
　── 受け入れるということですが、暴力の時はどうするんですか？
　　殴り返したりしない、抵抗しないことだと、私は思いました。
　── 本を読んでそう思ったのですね？
　　親の態度が非常に大切だということですね。
　── 読み方に間違いはなかったですか？
　　それはあったかも知れません。私なりの読み方に偏りがあったかもと思います。
　── 今は『受容』についてどう思いますか？
　　私は今は、暴力を振るう子の場合、暴力は受容してはいけない、暴力はだめだと言って、なおかつ子供の気持を受けとめることだと思っています。
　── でもその頃は？
　　その頃は、暴力に対して抵抗しないことが受容だと思っていました。
　── これまでに子供に対して暴力は？
　　ありません。
　── これまでどう教えてきたのですか？
　　暴力はいけないと言ってきたと思います。ただ、なぜいけないのかという点では、説明してこなかったと思います。

―― 殴り返そうとは思わなかったですか？
　暴力に対して暴力、殴られたら殴り返すというのは、私の人生の中に経験がないので、出来ませんでした。
〔鳥越俊太郎・後藤和夫『検証・金属バット殺人事件 ―― うちのお父さんは優しい』明窓出版, 2000 より〕

　1996 年に中 3 の息子を父親が金属バットで殺す事件が起こった。52 歳の父親は東大卒でものわかりがよく寛容で、自分の価値観を強要したりしない理解ある親だった。彼は家庭内暴力を繰り返す息子の相手ができるよう近くの職場に再就職し、妻と長女が暴力を避けて別居したため、1 人で息子に正面から向き合い、信念に従って忍従の生活をしていた。
　抵抗せずに言われるままに土下座する父親に暴力をふるう政彦くんは泣いていたと父親は語っているが、自分をコントロールできない政彦くんは父親に止めてもらいたかったのかもしれない。政彦くん自身、寛容な父親に暴力をふるう自分や、何をしても制止しない父親に怒りを感じ傷ついていた可能性もある。誰もコントロールできない自分を自己コントロールすることはできず、彼の暴力はエスカレートしていったと考えられる。

(4) 子どもの動機・状況に応じた対処

　望ましくない行動をそうとわかっていながらやっていて、皆が迷惑しているというような場合、大人はやめるように言ったり、やめさせるよう働きかけたりする。しかしそのような対処が、さらにその行動を強化するようになってしまうこともある。なぜその行動をするのか、その動機を理解しないと、逆効果になってしまうのである。
　たとえば図 8-2 は、暴力的行動を繰り返す中 2 男子の行動と、それが教師にどう見えるか、そしてその認知に基づいて教師がどう働きかけてきたかをチャートにまとめたものである。教師の働きかけの結果、その生徒が暴力的行動をせざるをえない心理をさらに強めることになってしまっている。その生徒の問題行動にはそうならざるをえない背景 ―― 生育史的な複雑な問題 ―― があり、外に現れた行動だけを見ているのでは適切な対処はできないこと、背後の心理を理解して対処しないと、悪循環になってしまうことがわかる。図 8-3 は以上

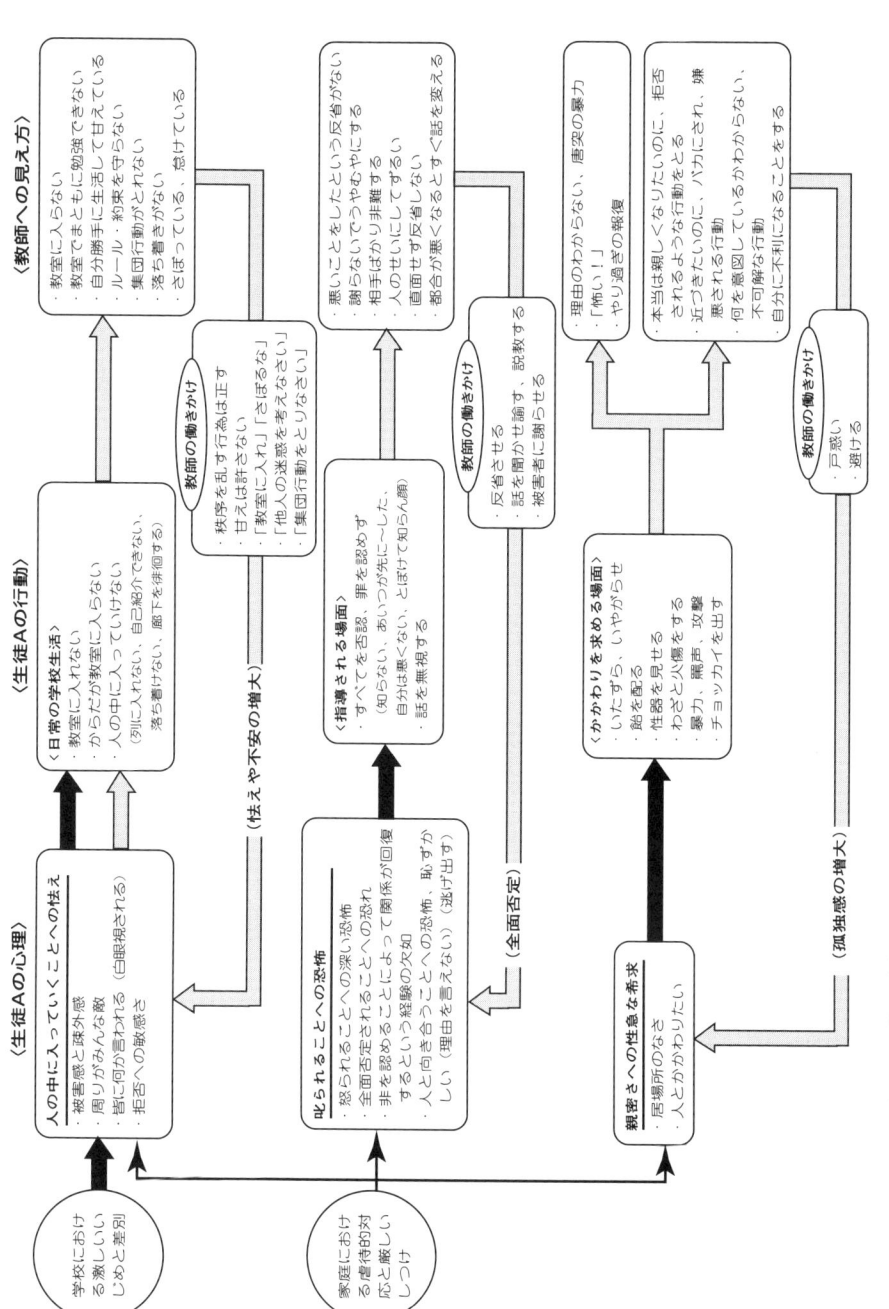

図 8-2 暴力的行動を繰り返す中2男子の行動と、教師の働きかけの循環（近藤，2000 より）

のことを全体的にチャートにまとめたものである。対処にあたっては左側にあるようなさまざまなことを考えなくてはならない。

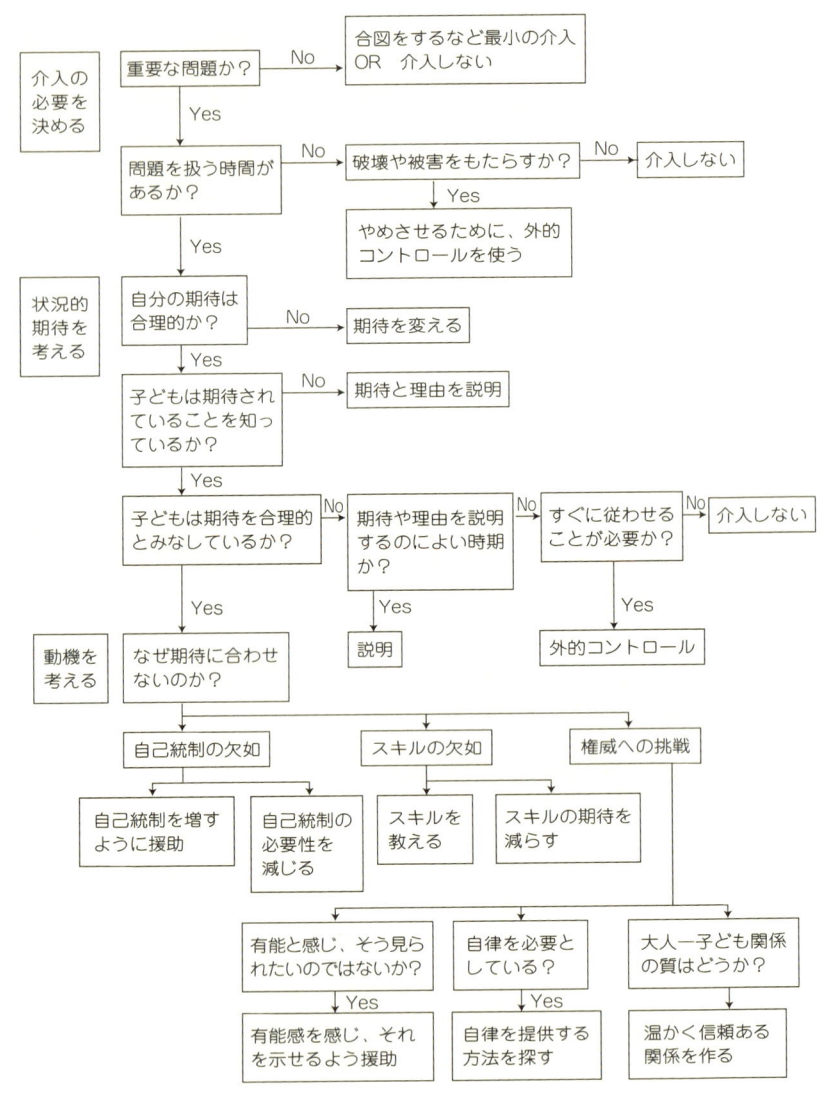

図8-3 子どもの望ましくない行動への対処 (山岸, 1993)

(5) 状況の整備（望ましくない行動をしないように状況を整え、望ましい行動をするように手助けする）

　望ましくない行動をさせないようにする対処として、望ましい行動ができやすいような状況を設定するという対処もある。事例3では、遊びをやめて片付

【事例3】

　入園から2週間。B男は、一輪車に砂を入れて園庭を歩き回る遊びが気に入っており、他の幼児とはかかわらずに、一日中一輪車を引いている。主任が時々B男の遊びにかかわっている。

　片付けの時間になり、担任がB男に声を掛けるが、なかなか片付けようとしない。他の幼児は担任の周りに集まって座り、絵本を読んでもらっているが、B男はそこに行こうとせず、廊下に出たり5歳児の保育室に行ったりする。「Bちゃん、面白そうなお話が始まっているよ」と言いながら主任が声を掛けると、うれしそうに笑いながら走り回り、わざわざ主任の顔を見ながら逃げていく。主任が追いかけるのをやめると水道のところに行き、水遊びを始めてしまった。

　その後、担任は、集まりの場面では、できるだけB男と一緒に行動するように心掛けた。特に、B男の興味や関心をとらえながら絵本を選ぶ、絵本を見る中でのB男のつぶやきに応じるなどして、B男の心に働き掛けることを重ねてきた結果、B男は、担任が読み聞かせをする絵本の時間が好きになり、「集まろう」と誘うと一番前に座るようになってきた。

　ここ数日、B男は空き箱でつくったバスを走らせたり、修理したりすることに凝っている。片付けの時間になると決まって製作コーナーに行きバスの修理を始め、片付けようとしない。バスを手放せない様子なので、担任が「みんなが待っているから」「また後で遊べるから」と繰り返し言うが、B男は「待ってて」と言いつつ、その場を離れられないでいる。

　他の幼児たちが片付け終わる頃、担任は、B男に対し、「Bちゃんのバスの車庫をここにしようか」と提案してみた。B男が座る席からよく見える棚の上であることもあって、B男は素直に「うん」と、納得し、バスを棚の上に置いている。担任は、バスの周りに赤いビニールテープで枠組みをして、「Bちゃんのバスの車庫ね」と、確認する。B男は安心したのか、自分から使ったものを片付け、自分の席に着く。　　　　（文部科学省, 2001, 一部改変）

第8章　道徳性・社会性の発達における大人の役割

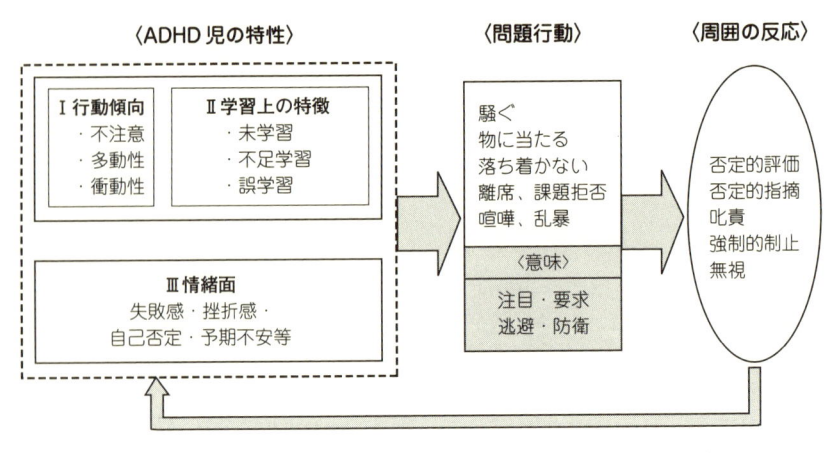

図 8-4　関係の障害としての ADHD（井上，1999；石川，2002 参照）

ける気持にならないB男に対し、担任がB男とよい関係をもつようにしたり、片付ける気持になるように場面設定（バスの片付け＝バスの車庫入れ）することにより、強制ではなく望ましい行動が出てくるようにし向けている。そのようになっていけば、マイナスの強化を与える機会が減り、プラスの強化を与える機会が増えることになる。

　場合によっては、大人の期待のレベルを下げてプラスの強化を与えるようにすることが必要な場合もある。

　図 8-4 は **ADHD（注意欠陥多動性障害）** 児がもっている問題と、それに対して周囲がどのように反応し、その反応が彼らがもつ問題にどう影響するかを示しており、ADHD 児の望ましくない行動に対する周囲の自然ともいえる反応が事態をさらに悪くしてしまうことが示されている。図 8-5 は ADHD 児の認知的特性や苦手なことを理解して、それに合わせ弱い部分を補うような対応が示されている。このように望ましくない行動をしないように状況を整えたり、望ましい行動をするように大人が手助けをすることにより、否定的自己像ではなく、自己肯定感をもてるようにしていくことが重要である。

　あるいは第 6 章で述べたように、攻撃的な子どもは、手がかりの解釈が歪んでいて「わざとやった」というように相手の行動の意図を過度にネガティブに歪めて解釈したり、自分の行動の結果としてどのようなことが生じるかを想像できない等、情報処理の過程に問題があることが示されている。そのような子

```
〈ステップ1〉            〈目的〉
大人の接し方を変える     ・感覚過敏への配慮
                        ・誤学習の修正
                        ・情緒的問題の改善

〈ステップ2〉            ・注意集中への配慮
指示の出し方と学習の     ・認知的弱さへの配慮
進め方を工夫する         ・行動の見通しをもつ
                        ・達成感

〈ステップ3〉            ・未学習への対応
適切な行動を育てる       ・衝動を抑制する力
                        ・行動を計画する力
```

図8-5　ADHD児への教育的支援（花熊, 2001）

どもには、その場の状況を冷静に考えるために言語化したり、深呼吸する等、カッとする気持を抑えるようなスキルを習得させることが重要だろう。

(6) 子どもの気持の理解・言語化 ── 大人の願い・期待を具体的に伝える

望ましくない行動であっても、子どもの「こうしたい」という気持をいったん受け止め、それを言語化する。そのことにより子どもは自分の気持を理解してもらったと感じる。そもそも子どもが大人が望まないことをする背後には、自分を認めてくれない、気持をわかってくれないという不満があることが多い。いったん子どもの気持を受け止め、そのことを明確に伝えてから、大人の願い・期待を具体的に伝える。強引に従わせるのではなく、一個の主体として受け止めた上で、穏やかに導く。「〜をやめなさい。〜しなさい」と一方的に言うのではなく、「まだ〜していたいんだよね。でも〜してくれるとうれしいな」と言われると、子どもはそうする気持になれるのである。

図8-6の漫画は、兄のおやつを取って怒った兄からぶたれた子が、母親に訴えに来ている。もともとおやつを取るこの子が悪いのだが、それを指摘するだけでは子どもは「自分の気持を聞いてくれない」という不満・不信感しか感じられない。それに対して痛かったことを慰めてから「他人のものは取ってはいけない」と言われれば、子どものなかに自分が悪かったという思いが生じるので

図 8-6 まず気持を受け止める
（明橋大二『子育てハッピーアドバイス2』1万年堂出版, 2006）

ある（『学校Ⅱ』でも暴れていたユウヤは玲子先生に「お母さんに会いたいんだ。かわいそうにね」と言われて静かになっている）。

「○○君もそうしてほしかったんだよね」「△△さんもそうしたかったんだよね」というような、行動の背後にある気持、自分でもよくわかっていない気持を穏やかに言ってもらうと、子どもの気持は落ち着き、大人の期待も伝わりやすくなるし、自分が何をするべきなのかの判断もできるようになる。泣いたり怒ったり混乱している場合は、それを止めるのではなく、十分に感情を吐露させてから、気持を言語化してあげる。混乱し激している子どもの気持を落ち着

かせ、子どもの主体性を否定することなく、望ましい行動に導くのである。そのような大人の対応は、落ち着いて対処するモデルにもなる。

(7) 問題のない他の子どものことも考える

望ましくない行動をする子どもがいると、教師の気持はその子に向けられ、他の子どもに気持が向かなくなりやすい。しかし教師は望ましくない行動をする子どもに対処するときに、他の子どもも考慮した対処をすることが望まれる。望ましくない行動への対処を通して、教師がその子どもや望ましくない行動をどう理解しているかが示されるからである。教師は望ましくない行動をした子のことを心配していること、単に行動の問題性を指摘し評価するだけでなく、なぜそのような行動をしたのか、その動機や背景を考えていることを話す。そのような教師のとらえ方が子どもの善悪のとらえ方に影響すると考えられる。そして小林正幸が指摘しているように、問題を起こしていない子どもたちを大切にする姿勢を表明する。たとえば問題を起こした子に関しては現在他の教師が取り組んでいること、その子について自分も心配していることを表明した上で、しかし「このように教室にいる君たちの気持も大切にしたいので、いつもと同じように授業をします」と言って、問題についての対処やとらえ方を示しつつ、問題に振り回されずに秩序を保つ姿勢を示す。

(8) こじれたときの対処 ―― 1人では対処できず助けが必要

以上のように、教師・大人は子どもの気持や状況要因等、さまざまなことを考慮しながら、望ましくない行動をする子どもに対処していくわけだが、何をやってもうまくいかなくなることもあるだろう。そのようなときには、当事者とは異なる視点から客観的に状況を見ることができ、状況に巻き込まれていない第三者、専門家の援助を得ることも必要になる。

図8-7は、クラスが荒れ、学校心理士との相談がもたれたときに話し合われたことである。学校心理士と話し合うなかで、教師は何をしていくことが必要なのかを整理し、今後の方策を考え出すことができている。

図8-8はやはりクラスが荒れてしまってそれを変えることができなくなってしまったとき、**チーム・ティーチング**として指導補助者に入ってもらうことにより、事態が改善されていった事例である。指導補助者が荒れている子どもに

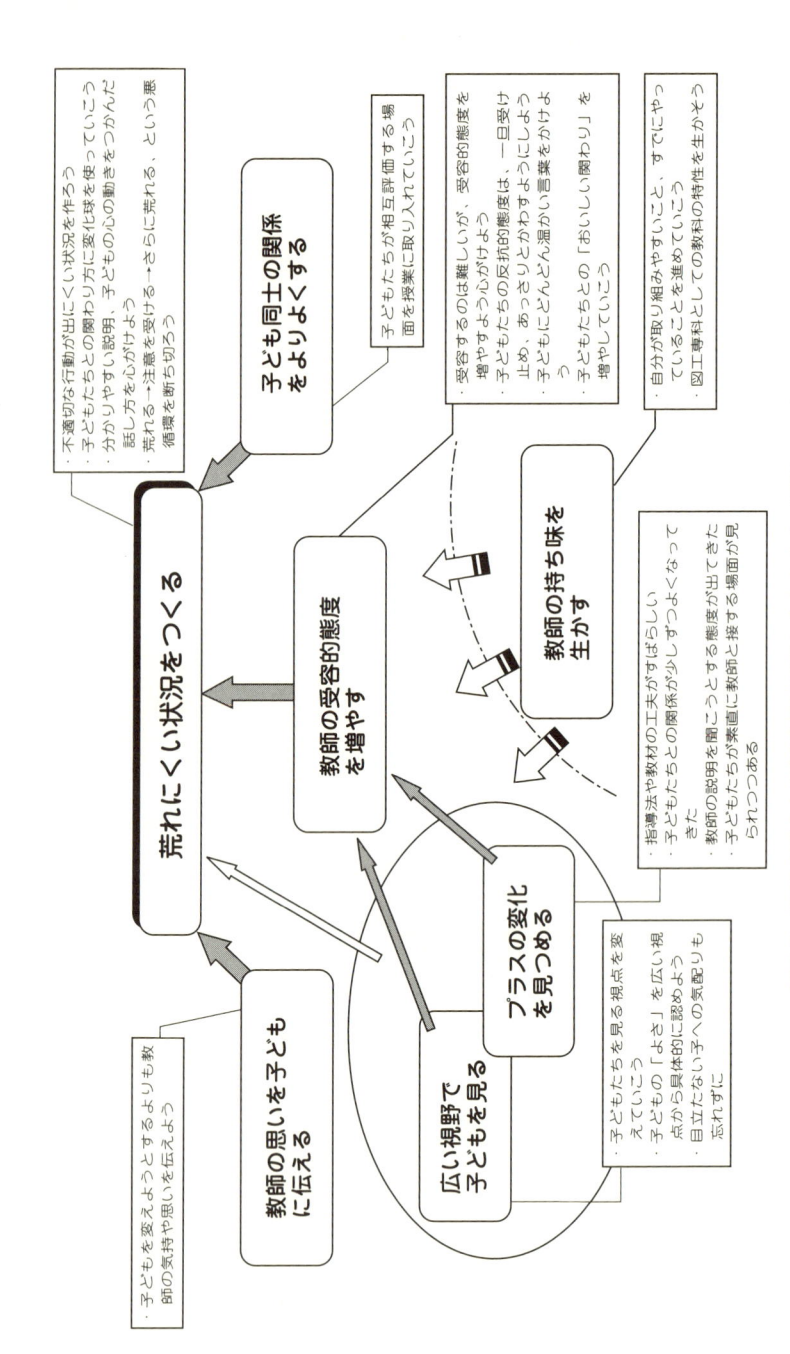

図8-7 学校心理士との相談で何が話し合われたか（浦野, 2001）

【荒れにくい状況をつくる】

・不適切な行動が出にくい状況を作ろう
・子どもたちとの関わり方に変化球を使っていこう
・かかりやすい説明、子どもの心の動きをつかんだ話し方を心がけよう
・荒れる→注意を受ける→さらに荒れる、という悪循環を断ち切ろう

【子ども同士の関係をよりよくする】

・子どもたちが相互評価する場面を授業に取り入れていこう

【教師の受容的態度を増やす】

・受容するのは難しいが、受容的態度を増やすようにしよう
・子どもたちの反抗的態度は、一旦受け止め、あっさりとかわすようにしよう
・子どもたちにどんどん温かい言葉をかけよう
・子どもたちとの「おいしい関わり」を増やしていこう

【教師の持ち味を生かす】

・自分が取り組みやすいこと、すでにやっていることとの関係を進めていこう
・図工専科としての教科の特性を生かそう

・指導法や教材の工夫がすばらしい
・子どもたちとの関係が少しずつよくなってきた
・教師の説明を聞こうとする態度が出てきた
・子どもたちが素直に教師と接する場面が見られつつある

【プラスの変化を見つめる】

【広い視野で子どもを見る】

・子どもたちを多視点で見ていこう
・子どもの「よさ」を広い視点から具体的に認めよう
・目立たない子への気配りも忘れずに

【教師の思いを子どもに伝える】

・子どもを変えようとするよりも教師の気持ちや思いを伝えよう

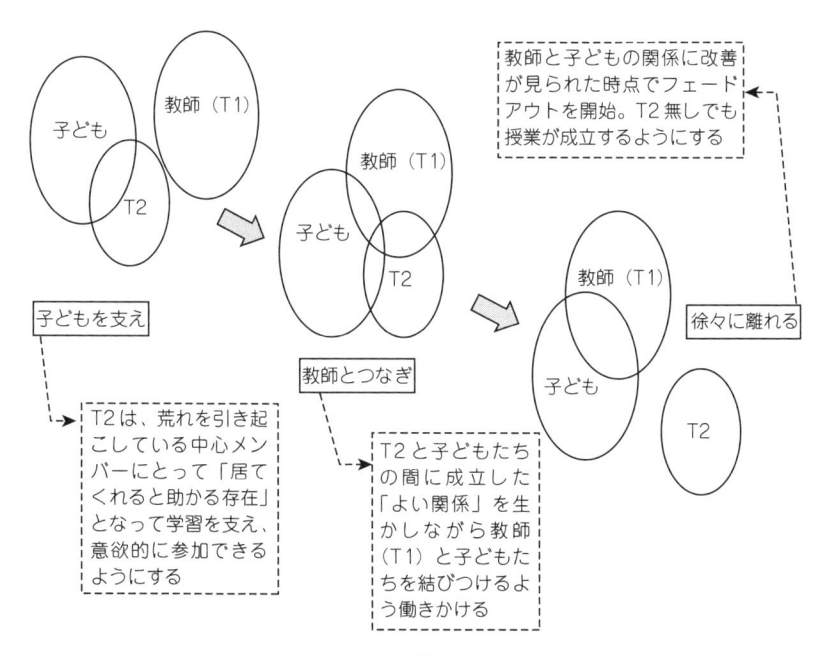

図8-8 チーム・ティーチングによる支援（浦野，2001）

子どもを支え
T2は、荒れを引き起こしている中心メンバーにとって「居てくれると助かる存在」となって学習を支え、意欲的に参加できるようにする

教師とつなぎ
T2と子どもたちの間に成立した「よい関係」を生かしながら教師（T1）と子どもたちを結びつけるよう働きかける

教師と子どもの関係に改善が見られた時点でフェードアウトを開始。T2無しでも授業が成立するようにする

徐々に離れる

支持的に対応する役割を担い、彼らとよい関係を作り、その関係を利用して教師との関係改善が図られている。

第9章　内発的動機づけ

　行動を触発し、維持し、目標の方向へ行動を導くものを心理学では「欲求」や「動機」といい、行動が触発され終結するまでの過程全体のこと、また行動を引き起こすことを「動機づけ」という。学習の動機づけとは、学習をする気にさせ学習行動を引き起こすことである。そして学習を引き起こすものが個体のなかにある場合が内発的動機づけである。伝統的な学習理論においては、行動・学習の動機は行動に付随する外的強化を得ることにあるとされてきた。それに対し、我々は自分から進んで何かをやることがある、外的強化が与えられなくても「そのことをすること自体が楽しいから行動する」ことがあるということが指摘されるようになった。本章では我々が内発的動機づけをもっているということ、そしてそれに基づいた学習にするためには何が必要なのかについて述べる。

1　内発的動機づけ

　我々の行動や学習は、外的強化を求めて起こる場合と、「そのことをすること自体が楽しいから行動する」場合がある。外界からの働きかけによって行動を引き起こされるのが「外発的動機づけ」、行動すること自体が報酬になる場合が**内発的動機づけ**であり、「勉強しないと怒られるから」「すると褒められるから」勉強するのは「外発的動機づけ」による学習、「勉強することが楽しいから」勉強する、「生活のため」「給料のため」でなく「仕事をすること自体が楽しいから」働くのが「内発的動機づけ」による行動である。第Ⅳ部の冒頭で

述べたように、内発的動機づけには2つの側面があるが、ここでは学習過程そのものが楽しいという側面——**知的好奇心**——について述べる。

1-1 内発的な動機・欲求

自分の知らないことを知りたいという内発的な動機・欲求（知的好奇心）として、① 刺激や情報を求める感性動機、② 新奇で複雑な刺激を求める新奇動機、③ 自分で外界に働きかけて環境を探索しようとする探索動機がある。①の動機については感覚遮断の実験（図9-1）で、我々が不快な緊張状態を避けることとは独立に、情報を求める強い（それが満たされないと飢えてしまい、異常が生じるくらい基本的な）欲求をもっていることが示されている。ただし感覚遮断実験のようなことは普通の状態ではほとんど起こらないため、情報一般を求める欲求が強く働くということはあまりない。我々が日常的にもつ情報への欲求は、② の新奇で複雑な情報を求める欲求である。我々は自分が知らないこと、あるいは知っていることと異なる珍しい刺激に出会うとよく見ようとするし、どうなっているのか興味をひかれて調べたりする（探索）。探索は自分から外界へ働きかけることにより、外界から新しい情報を得ることにつな

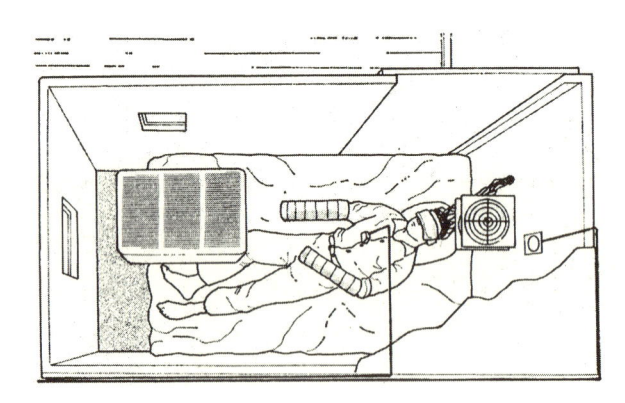

大学生に何もしないで寝ているだけというアルバイトの募集をし、視覚・聴覚・触覚刺激をできるだけ与えないようにして過ごさせる（図は実験を天井から見たところである）。大学生たちは退屈な状況をまぎらわそうと色々試みるが、感覚遮断は非常に苦痛で、情報であれば何でもいいからほしがるようになり、思考が混乱したり幻覚が現れたりもし、多くの大学生は2、3日長くても1週間でやめていったという。

図9-1 感覚遮断の実験（Heron, 1961 をもとに作図）

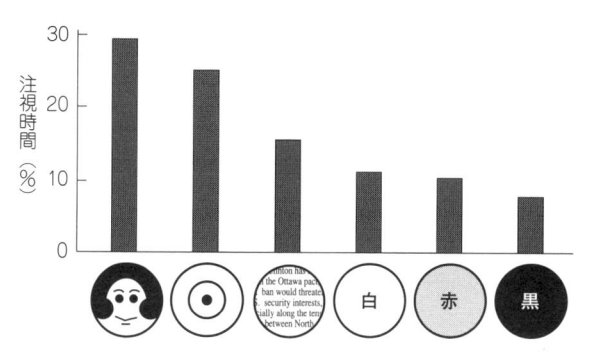

図 9-2　6種類の刺激図形に対する注視時間 (Fantz, 1963)

がる。新奇で複雑な情報を求める欲求は発達のごく初期から、そして動物にも見られる。たとえば生後数日の乳児であっても、単純な図形よりも適度に複雑な図形の方を長く注視するし（人間の顔が最も長く注視される）（図9-2）、サルもエサをもらえなくてもパズルを解こうとし、エサをもらえる群よりも熱心に取り組んだのである（図9-3）。

　そのような自分の知らないこと、新しいことを知りたい、知っていることよりもっと複雑なことを知りたいという欲求や、そのために外界に働きかけようとする傾向を我々はもっている。子どもたちの遊びの多くやいたずらもそのような探索動機に基づいていると考えられる。

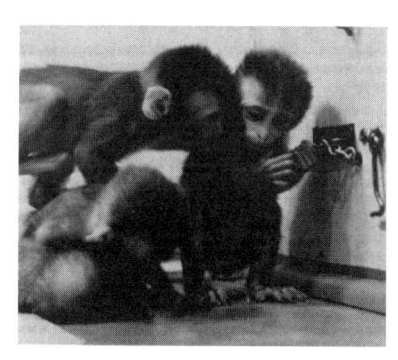

図 9-3　好奇心から生ずるサルの行動 （ハーロー＆メアーズ／梶田他訳, 1979／1985）

1-2 わかりたい欲求

さらに内発的動機づけには、「わかりたい」という欲求もある。「わかる」ということを検討した古典的研究は学習に関する認知理論である。W. ケーラーはチンパンジーが手の届かない天井から吊されたバナナを棒を使って落とした観察をふまえて、学習を洞察としてとらえた。洞察とは、それまで関連していなかった状況が手段 – 目標関係のなかに位置づけられ（バナナをとるための手段として棒を使うことに気づく）、外界の構造全体が一挙に意味をもつものとして体制化されることである。

このように、それまでわからなかったことが「わかる」ようになるということは、バラバラだった部分と部分の関係に気づいたり、部分と全体の関係に気づいて部分が全体のなかに位置づけられるというように、外界が関係づけられ構造化されるということである。そして関係がわかるということは、その状況に限らず、それと似た他の状況にもあてはまるルールに気づくことにつながる。混沌とした状況から他の状況にも通用する自分なりのルール（～のときはいつも～だ）を見つけたとき、我々は「わかった」という経験をする。

また自分が見つけたルールを他の場面にもあてはめることができたとき —— 新しいことが自分の今までの経験、知っていること（一般化された知識）と関連づけられたとき —— にも、「わかった」という経験をする。これは「やっぱり～なのだ」という、ルールの有効性の確認である。さらに自分がもつルールでは対処できない事態に直面したとき（「わからない」経験）、そのルールの不備に気づき、それを修正して新たな事態にも対処できる新たなルールを見つけることができると、「わかった」と感じるのである。最近の脳科学では、そのような閃きや気づきの瞬間に感じられる体験を「アハ体験」といい、脳内には快感物質（ドーパミン）が出ていることがわかっている。「わかる」ことは、我々にとってそもそも楽しいことなのである。

新奇で複雑な情報に興味をひかれるのは、自分なりにわかりたいという欲求を引き起こすからである。我々は新しい情報 —— 知識 —— に接すると、自分がもつルール・原則に新しいことをあてはめ、関係づけようとし、その結果ルールをそこにも一般化できたとき「わかる」経験をし、ルールの適用範囲が増大

する。一方新しい情報をあてはめられなければ「わからない」経験になるが、わからない状況から何とか規則性を見つけ、わかろうとするのである。

2 内発的動機づけに基づく学習

我々は基本的に知的好奇心をもち、内発的に学習する可能性をもっているはずだが、「勉強することが楽しいから勉強している」子どもは多くはないだろう。強制されなくても自ら学ぶようにすることが教育者の最大の課題と考えられるが、「そのこと（勉強）をすること自体が楽しい」と子どもが思うようにするためには、何が必要なのだろうか。

2-1 適度な新奇性と複雑性のある情報の提示

我々は新奇で複雑な情報を求める欲求をもっているが、すでに知っていることとほとんど変わらなければ（やさしすぎれば）興味はわかないし、ズレが大きすぎてわかりそうもなければ考える気持にならず、不快感や恐怖感が生じて回避行動が引き起こされてしまうかもしれない。一方、すでにもっている情報と適度にズレている情報に出会うと、そのズレ（認知的葛藤）を解消しようとする。提示される情報とすでに知っていることが適度に不一致であることが必要なのである。伝統的理論ではズレは不快とされるが、内発的動機づけ理論では適度なズレこそが子どもの興味をひき、探索の気持を引き出すと考えられる。

したがって学習の始めに子どもの知っていることと食い違うこと、それまでの理解ではうまく説明できないような現象を教師が提示して、「おかしいな、そんなはずはないのに。なぜだろう」という驚き、疑問を引き起こすことが必要である。新しい知識をただ提示されるのではなく、子どものそれまでの知識からもたれる期待や予想に反する現象を提示され、「なぜだろう」と自ら考える気持が起これば、学習は内発的なものになる。

また不一致を引き起こすものとして、子ども同士の相互作用もある。自分とは異なった考えをもつ他者と意見交換をすることは、認知的葛藤を引き起こす。

こういう状況の利用については、第Ⅱ部の仮説実験授業や第Ⅲ部の道徳的討論プログラムにおいても述べた。

2-2　子どもにとって自分の行動の結果がわかること ── そのような環境を構成すること

　我々が内発的にかかわる行動、「行動自体に面白さがある行動」とはどのようなものかと考えてみると、自分の行動の結果（うまくいったということ、わかったということ）が自分にわかるということがある。自分の行動に対して外界が明確なフィードバックを返してくれるとき、面白さを感じ、もっとやってみようと思うが、成果を感じられず何をやったのかわからなければ、かかわる気にはなれない。H. F. ハーロウの実験では、サルが強化されなくてもパズルに熱中したが、それは「解けた」ということがわかったからである。身体を動かす、絵を描く、ものを作るなどの行動は、遊びとして内発的にかかわることが多い。それらは行動の結果が子どもに実感としてわかる行動だからである（スベリ台をすべり降りるとき、その体感や視界の変化は魅力的だろうし、なぐり描きをした子は自分の手の動き通りに線がひかれることに喜びを感ずるだろう）。ファミコンやパソコンゲームの面白さも、コンピュータの優れた応答性に関係している（さらに課題をクリアするたびに課題のむずかしさが増すようになっていることは、2-1の適度な新奇性と複雑性のある情報の提示になっている）。

　それに対し「勉強がつまらない」ことの原因の１つに、自分が何をやったのかよくわからない、「できた！」「やった！」という感じをもてないということがある。そのような活動に対しては、外界からの自然なフィードバックだけではなく、大人が子どもの学習に対してフィードバック＝認知的強化を与えることが必要になる。複雑な知識・技術の学習であれば、自分のやったことがよかったのかどうかはわからず、大人からの評価によって判断する他ない。無味乾燥な練習であっても、学習が進むと共に自分の進歩もわかるようになり、学習の面白さもわかるようになれば、内発的にかかわるようになっていく。

　目標の手段であった行動が目標そのものに転化すること（「行動の自己目的化」）を、かつてG. W. オルポートは機能的自律性といったが、内発的動機づ

けの研究においても、外発的動機づけが内発的動機づけに変わっていくことも論じられるようになっている。楽器の練習やスポーツ、勉学等、はじめは親に言われていやいややっていたが、後に内発的になっていく例は多い。

2-3 外的強化による内発性の抑制

一方、子どもが行動自体に面白さを感じてその行動をするためには、強制的にやらされたり、外的強化を与えられたりすることは望ましくないことも明らかにされている（アンダーマイニング効果・過正当化効果）。

M. R. レッパーらは、絵を描くことが好きで自分から進んでよく描いている子どもを1人ひとり呼んで好きな絵を描かせた。A群には「よくできたらご褒美をあげる」と予告し、描きおわってから素敵な賞状を与えた。B群には「小さい子が絵を描くところが見たい」と言うだけでご褒美を与えなかった。実験中描いた絵の枚数はA群の方が多く、そのことに関しては強化の効果が見られた（ただしたくさん描いたので、質的には低下していた）。ところが実験から1〜2週間後の自由時間の行動を見てみると、強化を与えられた子どもたちは、自発的に絵を描くことが少ないという結果だった。この実験は、賞は与えられているときは子どもの意欲を高めるが、賞がなくなると意欲もなくなることを示しており、またもともと内発的に取り組んでいた活動に外的に報酬が与えられると、その活動は報酬を得るためものという認知に変わってしまう可能性を示している。

E. L. デシの大学の新聞部の学生を被験者とした研究でも、もともと好きで意欲的に取り組んでいた活動（新聞の記事に適切な見出しをつける）に対し一時期報酬を与えると、報酬がないときには適切な見出しをつけることへの熱意が減ったことが示されている（そのように外的強化が内発的動機づけを抑制することは、心理学が明らかにする以前から、ユダヤの民間伝承で語られている（表9-1））。大人はご褒美で釣って子どもに何かをさせようとするが、あるときよい点を取ってご褒美をもらった子どもが、その後ご褒美が予測されないときには勉強しなくなるということはよくあるし、もともと楽しくてやっていたことに報酬を得てしまうと、内発性が弱まってしまうということが起こりうるのである。

表9-1　外的強化による内発性の抑制（デシ／安藤他訳, 1970／1980 より一部改変）

　クー・クラックス・クラン（白人至上主義の秘密結社）が再び支配しつつあったある小さな南部の町で、一人のユダヤ人の洋服屋が、目抜き通りに自分の小さな店を開きたいという無謀な望みをいだいていた。彼を町から追い出すために、クランの幹部連は、ぼろ服を着きたない少年ギャングを派遣していやがらせをさせた。来る日も来る日も、彼らは彼の店先に立って、「ユダヤ人！　ユダヤ人！」と彼をやじった。その洋服屋にとって、この事態は由々しきものと思われた。彼は、考え込み眠れぬ夜を幾日も過ごし、必死の思いで一計を案じた。

　つぎの日、この少年暴力団がやってきて彼をやじったとき、彼は店先に出て、「今日からさき、わたしを"ユダヤ人"と呼ぶ少年には、10セント銀貨をあげるよ」と言った。そして彼は、ポケットに手を入れて各少年に10セントずつを与えたのである。

　この戦利品に大喜びして、少年たちは、翌日もやってきて、「ユダヤ人！　ユダヤ人！」と叫び始めた。洋服屋は微笑みをうかべながら顔を出した。彼はポケットに手を入れて、一人一人の少年に5セントを与え、「10セントは多すぎる。今日は5セントしかあげられないんだ」と言った。5セントもまたお金には違いないので、少年たちは満足げに立ち去った。

　彼らがその翌日またやってきて彼をやじったとき、洋服屋は、彼ら一人につき1セントしか与えなかった。

　「きょうは、なぜ、たったの1セントしかもらえないのか」と彼らはわめいた。

　「わたしにできるのは、これが精一杯なんだ」

　「しかし、2日前は、あんたは10セントくれ、また昨日は、5セントくれたじゃないか。だんな、それじゃ、あんまりだね」

　「それを受け取るんだな。いやなら置いていきなさい」

　「たったの1セントで、われわれがあんたを"ユダヤ人"と呼ぶとでも思っているのかい」

　「いやなら、そう呼ばなくてもいいんだがね」

　案の定、彼らは、そう呼ばなくなったのである。

　ただし外的強化による内発性の抑制は、いつも起こるわけではない。強化の種類によって異なり、たとえば物を与える賞は内発性を抑制するが、言語的に「よくやったね」というような賞（2-2 に該当する）は必ずしも抑制するわけではない。強化が手段性の認知になってしまい、その行動により報酬を得たというとらえ方がなされると内発性は抑制されるが、強化が自分の学習結果＝熟達を伝えるもの（認知的強化）として自己目的的に受け取られれば、内発性の促進にもなる。強化のもつ情報的・認知的側面はプラスの意味をもつのに対し、統制的・制御的側面はマイナスに働くといえる。

2-4 学習目標と遂行（成績）目標

2-3で学習結果が外的強化として受け取られるか、熟達したという情報（認知的強化）として受け取られるかが、その後の行動に影響することを述べたが、C. S. ドゥエックはこのことに関して、達成行動には2種類の目標があるとしている。達成行動の目標が、学習すること、自分の能力が伸びて熟達することである**学習目標**（learning goal）と、自分に能力があることを他者に認めさせる**成績目標**（performance goal）である。学習目標は学習のプロセスが重要であるのに対し、成績目標は成果を重視し、他者よりもできたかどうかが重要である。どちらの目標を設定するかによって学習への態度や結果のとらえ方が異なってくる（表9-2）。学習目標を立てることが内発的な学習につながっているといえる。

子どもが内発的に学習するためには学習目標をもつことが必要であり、そのためには大人自身が学習目標をもち、そのことを伝える必要がある。

表9-2 達成行動における2種類の目標と行動の特徴

(Dweck and Elliott, 1983；永野, 1997 参照)

	学習目標	成績目標
課題に向かうときに頭に浮かぶ疑問	どうすればできるか 何が身につくか	自分にできるか これをすれば利口にみえるか
何が焦点か	過程	結果
誤りとは	当然のことで、役に立つ	失敗
不確かさは	意欲をそそる	脅威
最適な課題とは	学習を最大にする課題 （本人が利口になる課題）	利口にみえることが最大になる課題
求める情報	能力についての正しい情報	ほめことば
評価基準	個人的、長期的、柔軟	他人との比較、短期的、硬直的
期待	自分の努力を強調して見込みをたてる	自分の現在の努力を強調して見込みをたてる
教師は	知識の供給源・案内人	審判・報酬や罰を与える人間
目標の価値	内発的：技能の習得や活動そのものに価値	外発的：他人の判断に価値

第9章 内発的動機づけ

第10章 自己効力感、有能感

　すでに述べたように「学習自体が楽しい」ということには2つの側面があるが、その第2の側面が、学習した自分に対する肯定的感情、自分が「わかる」「できる」ようになったことに喜びや誇りを感じるという側面である。むずかしいこと、努力を要することに挑戦しようとするのは、それにより褒められ承認されるという外的強化による場合もあるが、それとは独立に、挑戦する自分、うまくクリアできた自分に満足するという内発的な側面もある。自己効力感はやる気の根源であり、その育成は教育上重要な問題だが、自己効力感がもてず、無力感をもつ青少年も多い。本章では自己効力感や無力感がもたれるメカニズムや原因について述べ、無力感から立ち直らせるためには何が必要なのかについて考える。

1　自己効力感、有能感

　外界や他者に好ましい変化をもたらすことができるという見通しや、思い通りの変化をもたらしたときに経験される感情は、その後の行動や自己認知に大きく影響するが、そのような予期や感情を**効力感**、あるいは**有能感**という。A. バンデューラによれば、人がある行動を起こそうとするとき、その行動を自分がどの程度うまくできそうかという予測によって、その後の行動の生起が左右される。行動の予測は「結果予期」（ある行動がどのような結果を生み出すのかの予期）と「効力予期」（ある結果を生み出すために自分は必要な行動をどの程度うまく行うことができるのかの予期）の2つに区分されるが、効力予期

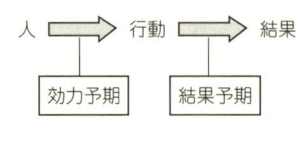

```
人 ⇒ 行動 ⇒ 結果
     効力予期   結果予期
     ＝自己効力感
```

図10-1　行動に関する予期と自己効力感

の程度によって、その後の行動の生起は左右される。バンデューラはそれを**自己効力感**（self-efficacy）と呼んだ（図10-1）。

同様なことを、R. W. ホワイト は「有能感」（competence）、R. ドシャームは**自己原因性、指し手**（origin）と呼んだ。「自己原因性」は自分が外界の変化の原因になりうることであり、我々は「自己原因性」への欲求をもち、それがやる気の根源であるとしている。また人間はチェスの「指し手」と「コマ」（pawn）という2つのあり方をとり、「自己原因性」を保てるのが「指し手」、「指し手」の言うままに動かされるだけのあり方が「コマ」である。我々はチェスの展開を司る指し手でいたい、自分の行動や外界の変化の主体でいたいと思っている。

それらが満たされるとき、我々はもっとやりたいとやる気を出し、また効力をもつ自分への信頼や自尊心を感じ、大きな喜びや存在感をもつことができる。自分が何かをやって思うような結果を生じさせたとき、我々は「自分が存在している」という確かな感覚をもてるのである。一方それを経験できず、自分が努力し行動しても、外界はどうせ何も変わらないだろうという予測をもってしまえば、やる気は出ず、自分に対する肯定的な感情ももてない。自分の行動と無関係にものごとが起こるという認知は、やがて自分には効力がないという感情を生み、何もやろうとしない**無力感**をもたらすことになる。そして自分が何かをやっても何も返ってこなければ、「自分が存在している」という確かな感覚すらもてなくなる可能性がある。自己効力感をもてるか、無力感をもってしまうかは、人間にとって非常に重要な問題といえる。

2　原因帰属

　世の中には、自己効力感をもち積極的にものごとにかかわる人と、それをもちにくい人がいるが、それは**原因帰属**と関連していることが指摘されている。原因帰属とは、ものごとの原因をどこに帰属させるか、成功や失敗の原因を何に求めるかということである。

　原因帰属にはいくつかの次元がある。第1が内的－外的の次元であり、原因を自分の内部に求めるか、外部に求めるかである。第2は安定－不安定の次元で、その原因となるものが安定したものか否かである（たとえば内的要因のうち、安定は能力、不安定は努力、気分である）。第3が統制可能性の次元で、自分の意志で統制できるものか否かである（内的要因のうち、統制可能なのは努力、不可能なのが能力、気分である）（表10-1）。

　原因を何に求めるかにより、結果のとらえ方やそのときに感じる感情、その後の行動が変わってくる。成功を内的要因に帰属させれば自己尊重感・効力感をもつことができるのに対し、他者のおかげとする帰属は感謝、他者のせいで失敗という帰属は恨みを感じさせるし、統制可能性は責任と関連し、統制可能であれば責任あり、なければ失敗しても責任なしということになる。

　やる気のある人とない人の原因帰属の仕方は表10-2の通りである。やる気のある人は成功の原因は自分にあるととらえるため、効力感をもち更にやる気になり、失敗をしても次回は頑張ろうと思える。それに対しやる気のない人は、せっかく効力感を経験できるときに外的要因に帰属させてしまい、失敗は安定

表10-1　原因帰属の次元と要因（Weiner, 1979；宮本他, 1995参照）

統制可能性	内在性		外在性	
	安定	変動	安定	変動
統制不可能	能力	気分	課題の困難度	運
統制可能	不断の努力	一般的な努力	教師の偏見	他者からの日常的でない援助

表10-2 やる気のある人とない人の原因帰属

やる気あり	
成功—内的（能力、努力）	
失敗—努力不足	○努力要因
やる気なし	
成功—外的	
失敗—能力不足	×努力要因

し自分の意志とは無関係な能力不足によると考え、努力をしようとしないのである。努力要因がきいていると思えるかどうかが、やる気を規定しているといえる。

3　無力感の獲得

　ではなぜある人たちはやる気がなく、原因を努力に帰属させようとしないのだろうか。M. セリグマンはさまざまな動物実験を行い、犬やネズミに無力感をもたせることに成功した。たとえば犬を身動きができないようにハンモックに吊して、電気ショックを与えるという実験を行った。逃げようがない状況で何の合図もなく電気ショックを何度も受け続けた犬たちは、ハンモックから開放され、普通の学習実験（電気が流される10秒前に暗くなるという合図が与えられ、柵を跳び越えて隣の部屋に行けば電気ショックは避けられる状況で、電気ショックを避ける行動を学習する）になっても、学習ができなかった。犬たちは床にうずくまって、電気ショックに耐えるだけだったのである。

　この犬たちが行動しようとしなかったのは、自分の行動により事態が変わることはない、自分は環境をコントロールできない存在なのだということを、度重なる経験のなかで学習してしまったからだとセリグマンは説明し、**学習性無力感**（learned helplessness）と呼んだ。無力感は経験のなかで学習（獲得）されるということを示した。もともと無力感をもっていたのではなく、自分の力ではどうしようもないという経験が続いてしまうと、環境をコントロールできる状況でも、行動する意欲がなくなり、学習能力も発揮されなくなってしまう

のである。

　同様なことが人間にもあてはまることが示されている。C. S. ドゥエックは小学5年生に6面に模様のある4つの立方体の積み木を使って指定された模様を作る課題を行わせた。成功型の実験者（努力すれば解ける課題を与える）と失敗型の実験者（努力しても解けない課題を与え続ける）から問題をもらう2群で実験を行い、最後の課題だけ同じ課題 ── 解ける課題 ── を与えるという実験である。その結果、同じ課題であるにもかかわらず、失敗型の実験者から課題を与えられていた子どもたちはできない場合が多いことが示された。いつも解決不可能の課題を与えられ失敗経験を重ねたため、彼らは失敗型の実験者が与える課題に関して無力感をもってしまい、「どうせ自分にはできない」とはじめからあきらめてしまったのである。このようなことは、大学生を対象にした実験でも示されている。

　やる気のなさや無気力は失敗経験が続くという経験を通してもたれるようになるものなのである。はじめのうちは失敗は努力不足と考えて努力していた者も、それが度重なると「努力」ではない、もっと安定した自分のコントロールとは無関係のものによるのではないかという感じをもち、「能力不足」という帰属になっていく。そして時に成功してももう「努力」とは思えず、「運がよかっただけ」と思い、失敗に対する「能力不足」の帰属を強めていく。やがて「自分が何をやっても何も変わらない」「自分は何もできない存在なのだ」と、すべてに無力感をもつようになってしまう。

4　現代青少年の無気力の原因

　青少年の問題については昭和40年代頃から無関心、無気力、無責任という三無主義が言われ、その後も五無主義、六無主義等々と言われ続けてきたが、どれにも無気力が入っていて、大人たちは長いこと、青少年の無気力さを嘆いてきたといえる。そして最近の青少年の無気力の程度と広がりは、さらに強まっているように思われる。その原因として以下のことがあげられよう。

(1) 失敗経験が多い

　努力しても失敗が続いてしまうと無力感をもつことを3節で述べたが、そのような思いをもつ青少年が多いと考えられる。学年が上がるに従い授業がわからない子どもが増えることが「七五三」と言われたりしたが（授業がわからない子は小学校では3割、中学では5割、高校では7割にものぼること）、ほとんどの子が高校に進学するようになっている状況で、高度な学習内容についていけない高校生が多いことが指摘されている。彼らにとって学習の場は失敗の連続であろうし、誰もが何にでもなりうる時代は、反対に、いくら努力してもなれないものがあることを痛烈に思い知らされる時代でもある。

　そして高度な科学技術のおかげで、現代人はさまざまな欲求を簡単に満たすことができるようになった。努力しなくても誰にでも簡単に欲しいものが手に入り、我慢したり待ったりせず即座に欲しいものを手にすることができる。その一方で学業、友人関係、異性関係等、努力をしてもうまくいかないことに出会うのが人生である。いつの時代でも思う通りにいかないことはあるが、努力しなくても簡単に欲しいものを手に入れている現代人にとっては、そのギャップが大きく感じられ、「努力をしてもダメだ」という失敗感が強まってしまっているのではないか。努力をしてもうまくいかないことへの耐性が弱い現代青少年にとって、主観的な失敗経験は非常に多いと思われる。また失敗感をもたなくても、簡単によい結果が得られる状況では自分の努力の成果も感じにくく、「成功」と感じられないことが多くなると思われる。

(2) 努力が十分に認められない状況

　子どもが努力して成果を感じたとき、子どもは「やった」「できた」という経験をもつが、しかしそれを大人や周囲の人が認めないと、確かな効力感にはならない。せっかく成果があっても大人が「失敗」と見なしてしまえば、子どもは自分が失敗したと思ってしまう可能性がある。

　そのような状況を強めている評価システムが**相対評価**である。相対評価は集団内の相対的位置によって学習結果を評価するやり方で、5段階評価、あるいは平均値と比較してどうか、クラスで何番かというような評価である。**偏差値**はテストの難易度や生徒の出来具合によらず集団内での個人の相対的位置が正確にわかる指標である（偏差値の算出法は表10-3の通り）。相対評価は、いくら

表10-3　偏差値

　個々の学習結果が平均値に対してどの位偏ったところにあるかを標準偏差（得点のばらつきの指標）を使って示したもので、平均値を50、標準偏差が10になるように標準化したもの。テストの難しさによらず、数値により集団内の相対的位置を正確に知ることができ、最も科学的な相対的評価のあらわし方である。その意味で選抜や選別に用いるのに適している一方、個人の努力を見る視点が全くないため、頑張っても成果がでるとは限らずやる気を失ったり、数値で示されることで序列意識がもたれやすい等の問題がある。
　算出法は以下の通りである。

$$偏差値 = \frac{個人得点 - 平均値}{標準偏差} \times 10 + 50$$

$$標準偏差 = \sqrt{\frac{\Sigma\,(得点 - 平均値)^2}{被調査者数 - 1}}$$

　本人が努力し成果があっても他の子がそれ以上の成果をあげれば評価は下がってしまうものであり、個人の努力を認める視点はない。努力してそれなりの成果があっても、それは認められず、「成績が下がった」とされてしまう。努力→成功→効力感となりうることが、努力→失敗→無力感になってしまうのである。

　また学校教育において「学力」あるいは「偏差値」によってすべての価値が決まるような価値の一元化の傾向も、子どもたちの努力を十分に認めない要因である。人間の価値は多種多様であるのに、学力こそが重要で、偏差値の低い学校に通っている者は人間的価値も低いと自他ともに思ってしまうような風潮のなかで、自尊感情をなくし、他の価値に向かって努力する気持も失ってしまう者もいる。学力以外のところで努力し成果をあげても、「そんな時間があるのなら勉強せよ」と言われ、大人に努力を認めてもらえないのである。（少年はともかく青年は大人から認められなくても、仲間から認められたり自分で成果を感じればある程度満足するだろうが、大人・社会から認められないということは、社会に出ていく準備をしている青年にとって、それなりの自負はあってもやはり「失敗」として感じられてしまうだろう。）最近は学力だけでなく、他の価値も認める傾向も出てきてはいるが、学校から脱落してしまった青少年の無力感は強いと思われる。

表10-4　小学6年生の自己評価の国際比較（ベネッセ教育研究所，1997）

自己評価
「とてもよくあてはまる」と答えた子どもの割合　　　　　　　　　　　　　　（％）

	東京	ソウル	北京	ミルウォーキー	オークランド	サンパウロ
スポーツのうまい子	17.7	30.2	24.6	53.4	40.2	45.6
よく勉強のできる子	8.4	8.6	14.0	43.5	27.6	37.4
友だちから人気のある子	9.8	11.2	31.6	35.4	28.9	32.0
正直な子	12.0	27.4	39.3	49.8	47.6	54.4
親切な子	12.3	26.4	41.0	59.1	46.6	50.6
よく働く子	14.3	31.7	39.8	67.1	38.3	48.5
勇気のある子	19.0	28.0	37.5	57.8	39.6	48.3

どんなおとなになれそうか
「きっとそうなれる」と答えた子どもの割合　　　　　　　　　　　　　　（％）

	東京	ソウル	北京	ミルウォーキー	オークランド	サンパウロ
みんなから好かれる人になる	10.5	33.5	55.2	27.9	27.3	45.9
幸せな家庭をつくる	38.6	76.3	68.5	63.5	57.0	85.3
よい父（母）親になる	21.1	65.6	70.2	63.6	57.3	82.0
仕事で成功する	20.6	60.2	51.3	52.7	48.5	44.0
お金持ちになる	12.3	34.4	29.2	23.9	32.3	18.4
有名な人になる	11.8	39.1	26.1	19.7	25.2	20.6

11歳の子ども計4,623人（東京1,969人，ソウル747人，北京751人，ミルウォーキー403人，オークランド349人，サンパウロ404人）を対象に，1995年10月から1996年6月にかけて調査

　子どもが学習し発達していくということは、本来他者との競争ではないのだが、教育には競争が含まれざるをえないし、競争を煽るような状況も多い。戦後、教育の機会均等が実現し、理念的には誰もが教育を受けられる社会になったが、そのためには選抜をクリアしなければならない。競争に勝ち抜くために、競争開始の時期が低年齢化し、自分なりに成果をあげるだけでなく、他者に勝つことを早期から目指すよう仕向けられるようになっている。そして人生の早期から自分はダメだと思ってしまう子、どうせダメだろうと思ってしまう子が出てきてしまう。

　表10-4は小6の自己評価に関する国際比較であるが、日本の子どもの自己評価の低さは歴然としている（日本人は自分のよさを言わず謙遜する傾向があることを加味しても）。大人になってからの予想に関しても否定的であり、自尊感情や「自分にはできる」という効力感が低いといえる。そしてこのことは、

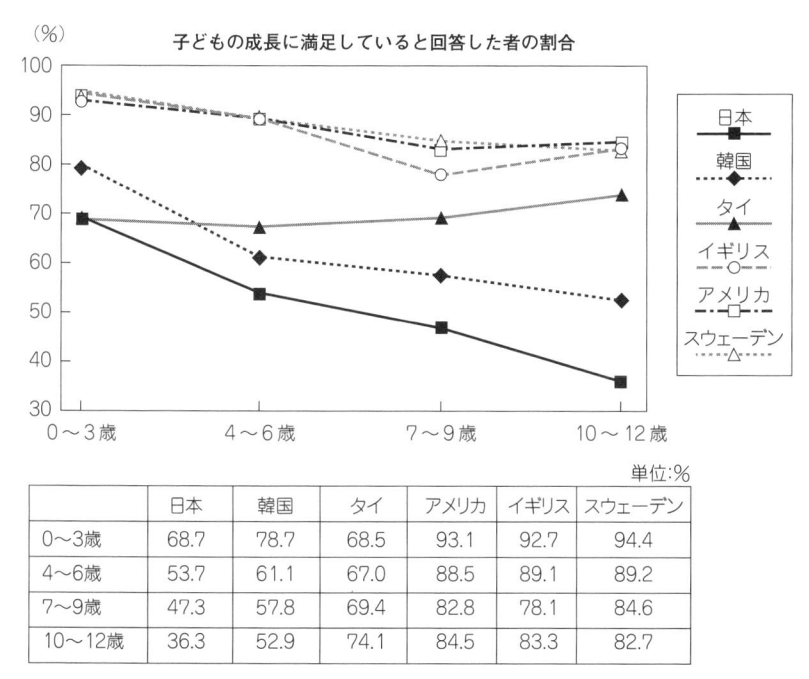

子どもの成長に満足していると回答した者の割合

	日本	韓国	タイ	アメリカ	イギリス	スウェーデン
0～3歳	68.7	78.7	68.5	93.1	92.7	94.4
4～6歳	53.7	61.1	67.0	88.5	89.1	89.2
7～9歳	47.3	57.8	69.4	82.8	78.1	84.6
10～12歳	36.3	52.9	74.1	84.5	83.3	82.7

（注）各国とも0～12歳の子どもと同居している親約1,000人を対象に調査。

図10-2　子どもの成長についての満足度（文部省，1993）

大人たちが子どもの努力を認めない傾向と関連していると思われる。図10-2は自分の子どもの成長についての親の満足度の国際比較であるが、日本の親の満足度は、どの年齢でも最も低く、0～3歳ですでに1/3の親は満足しておらず、年齢と共に下降し、小学校高学年では満足していない親が2/3にまでなっている。子どもは日々成長し、欧米の親たちはそれに満足しているのに、日本の親は子どもの成長をそのまま喜ばず、他の子と比較して満足できなくなってしまうのだろう。そのような親の気持を感じて子どもたちの自己評価は低くなり、「自分もやればできる」と思えなくなってしまうのである。

(3) 努力の目標が見えにくい

　現代の青少年が学校での学びに関して意欲をもっていないことが指摘されている。PISAの調査で、日本の青少年の学習時間の少なさが話題になった。学

(%) 「今よりも将来のために努力する」ことについての考え

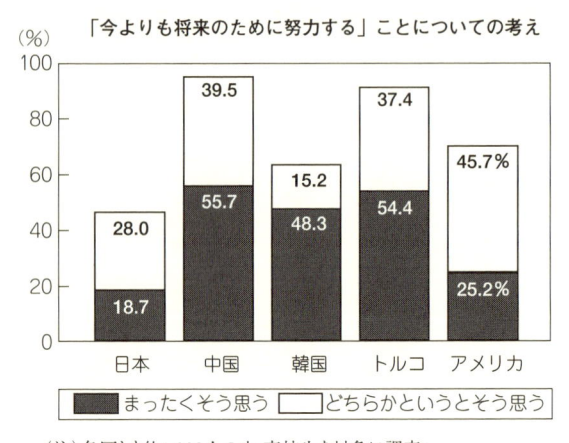

	日本	中国	韓国	トルコ	アメリカ
どちらかというとそう思う	28.0	39.5	15.2	37.4	45.7%
まったくそう思う	18.7	55.7	48.3	54.4	25.2%

（注）各国とも約1,000人の中・高校生を対象に調査。

図10-3　将来のための努力に関する価値観（中里・松井，1997）

校に来る目的を尋ねた調査でも、受験期の中学3年生であるにもかかわらず、友達に会うためが37.4％と非常に多く、勉強のためはわずか2.6％である（表1-1参照）。

　かつての日本では学校は知識の源であり、そこで有益なことが学べるし、そこでの成功は将来の社会での成功に直結していた。学校で一生懸命学ぶことは、将来につながる明確な努力目標であった。しかし現代の子どもの多くにとって、学校での成功は必ずしも将来の社会での成功をもたらすものではないし、よい生活を保障するわけでもないと感じられている。学校での学習は何の役にたつのか見えず、また学校以外でもさまざまな情報は簡単に手に入るし、楽しいことは世の中に溢れているのに、役にも立たないことに努力する必要性はないと感じてしまう。現在の努力が将来につながっていると思えなければ、努力する気は失せてしまう。図10-3は、「今よりも将来のために努力する」という考えに対する賛成者の割合である。中国・トルコではほとんどの中・高校生が賛成している一方、日本は半分以下で、将来のために努力せず今を楽しもうとする傾向が示されている。発展途上国の子どもたちが、学校で学ぶことの喜びを語り、日々の努力が未来につながるという思いを語る記事等に接すると、日本の子どもたちとの違いに驚かされる（【コラム10-1】,【コラム10-2】）。

　学校で学ぶことの魅力がなくなったということを述べたが、その魅力の多く

> **コラム** 10-1　教室が私に未来を与えてくれた

　私は今スーダン南部のルンベルク近郊にお父さんと妹といっしょに住んでいます。私は学校が大好きです。いっしょに遊ぶ友達もいます。友達がいるってすてきなことです。私は幼い頃学校に行くことができなかったから、同年代の友達がいないのは残念なことだけど、今はただ友達がいるってことが幸せなの。
　私のおじさんは銃で撃たれて死にました。おじさんの子どもたちも敵兵に連れ去られて以来、消息がわかりません。村に一つだけある学校はずっと閉鎖されたままだったし、敵兵にいつ攻撃されてもおかしくない状況が続いていて、外に出ることもできなかった。
　学校が私の人生を大きく変えたと思います。学校では、服をちゃんと着ることの大切さや、清潔を保つ方法を教えてもらったり、その他にも調理器具の使い方を習って、それをお父さんに教えてあげました。私は、子どもにも権利や言論の自由があること、学校に行く権利があることを学校に行って学びました。教育は私に未来を与えてくれたと思っています。
　もっと多くの女の子が教育を受けられればいいのに。戦争の教育を受けるより、生きるための知恵を学んだ方がはるかにいいと思うし、もし世界の子どもたち皆が学校に通えて、正しい教育を受けることができたなら、きっと戦争はなくなると思います。〔セーブ・ザ・チルドレン・ジャパン，2007 より〕

は外的なものであり、それが見えなくなってしまったということである。しかし学ぶことには外的な報酬だけでなく、内発的な喜びもあるはずだが、外的な魅力が見えなくなることによって学びから降りて努力をしなくなってしまう傾向が、広がっていることが指摘されている。
　文科省は (2) で述べた問題 ── 相対評価・偏差値・競争原理による弊害 ── を取り除くために、新学力観やゆとり教育を提唱し、偏差値を上げ受験競争に

> **コラム 10-2　『希望の国のエクソダス』——「希望だけがない」日本という国で生きる中学生たち**
>
> 「この国には何でもある。だが、希望だけがない」という中学生の言葉が話題になった。小説のストーリーは、80万人の中学生が集団不登校になり、ネットビジネスを展開し、1つの共和国を作り上げるというものだが、そのきっかけは、アフガンゲリラに参加した日本人少年のテレビ放映で、彼は「あの国（日本）には何もない」、そして「すべてがここにはある。生きる喜びのすべてがある」と語る。そして全国の中学生のリーダーも、国会の予算委員会の参考人招致で、「この国には何でもあります。だが、希望だけがない」と演説をする。さらに「戦争のあとの廃墟の時代のように、希望だけがあるという時代よりはましだと思います」と言いつつ、「生きていくために必要なものがすべてそろっていて、それで希望だけがないという国で、希望だけしかなかった頃とほとんど変わらない教育を受けているという事実をどう考えればいいのだろうか」と大人に問う。中学生の言動を通して、目標が見えなくなってしまった現代の状況、現代の教育の問題が描かれている。
>
> 〔村上龍『希望の国のエクソダス』文藝春秋, 2000.〕

勝つことではなく、内発的動機づけによる学習ができるように、教えられたことを詰め込むのではなく、自ら学ぶ意欲を学習の基軸に置く教育改革を推進してきた。ところが、それが一部の生徒にとっては、やる気を引き起こす目標を見えにくくし、学習意欲を低下させたという批判がある。

　文科省のゆとり教育の効果は社会階層によって異なっていて、上層は内発的な学習に取り組む気持をもち、やる気を保っている一方、下層は学習意欲を失い、学びから逃走してしまったと指摘されている。たとえば削減された授業時間も、塾に行って学ぶ層と、遊びに使う層に分かれるというように、格差を広げる方向に働いてしまった。1979年と1997年を比較した資料を見ると、全体的にゆとり教育のなかにあった1997年の方がやる気が低下しており、内発的な学習意欲が下がっていることが示されている（図10-4）。そしてその低下の度合いは下層で著しく、社会階層による差が大きいことがわかる。図10-5は塾に行っている子と行っていない子の学習時間の違いを示し、図10-6は母親の学歴と子どもの学習時間との関連を示す資料である。

「授業がきっかけとなってもっと詳しく知りたくなる」生徒

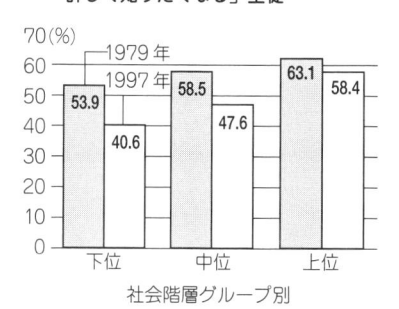

下位: 1979年 53.9、1997年 40.6
中位: 1979年 58.5、1997年 47.6
上位: 1979年 63.1、1997年 58.4
社会階層グループ別

「落第しない程度の成績でよい」と思う生徒

下位: 1979年 37.0、1997年 51.3
中位: 1979年 28.4、1997年 43.1
上位: 1979年 24.8、1997年 33.5
社会階層グループ別

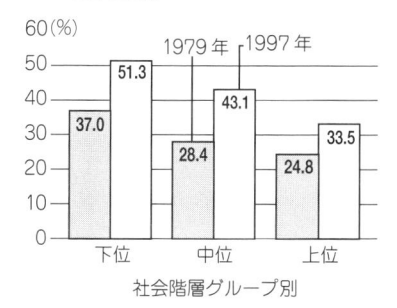

図 10-4　内発的な学習意欲の減少（苅谷, 2001）

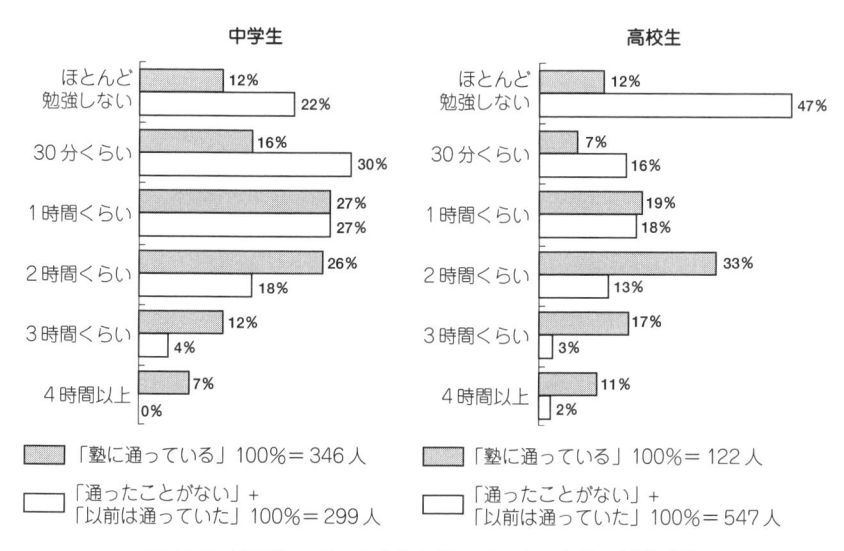

中学生

	塾に通っている (346人)	通ったことがない＋以前は通っていた (299人)
ほとんど勉強しない	12%	22%
30分くらい	16%	30%
1時間くらい	27%	27%
2時間くらい	26%	18%
3時間くらい	12%	4%
4時間以上	7%	0%

高校生

	塾に通っている (122人)	通ったことがない＋以前は通っていた (547人)
ほとんど勉強しない	12%	47%
30分くらい	7%	16%
1時間くらい	19%	18%
2時間くらい	33%	13%
3時間くらい	17%	3%
4時間以上	11%	2%

図 10-5　塾に通っている生徒と通っていない生徒の勉強時間

　学ぶ意欲をなくした子どもは、以前のように学校的価値にとらわれて無気力になっているというわけではなく、学校的価値から離れて、享楽的に生きてそれなり満足している可能性もある（日本の青少年は全体的に「偉くなりたい」と思う者が少ない傾向が見られる（図10-7））。努力をせず享楽的に生きることは、自覚的には無気力でなくても現実的には力をつけることができず、さらなる格差につながってしまうと思われる。最近の教育は学習意欲に格差をもたら

第 10 章　自己効力感、有能感　173

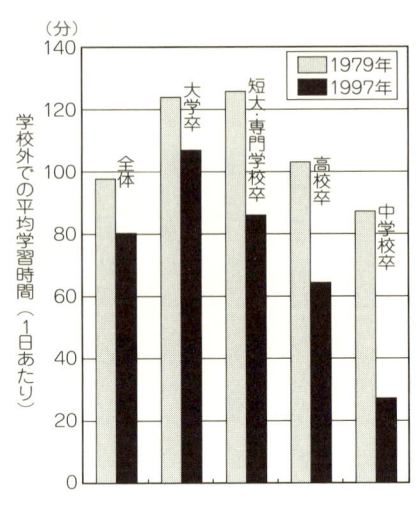

図10-6　母親の学歴別にみた、学校外での平均学習時間の変化（高校2年生）（苅谷, 1999）

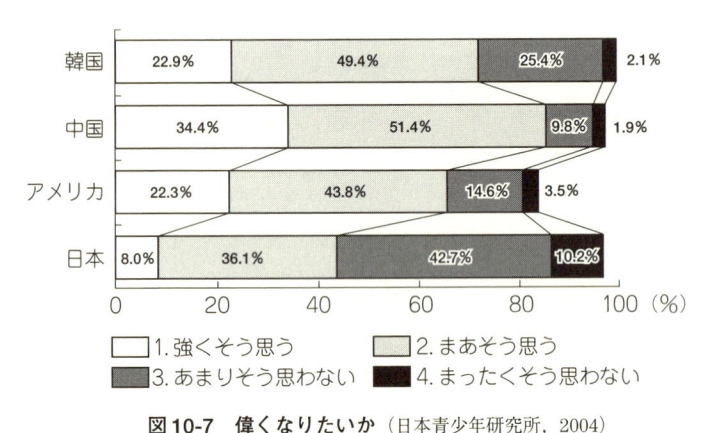

図10-7　偉くなりたいか（日本青少年研究所, 2004）

	1.強くそう思う	2.まあそう思う	3.あまりそう思わない	4.まったくそう思わない
韓国	22.9%	49.4%	25.4%	2.1%
中国	34.4%	51.4%	9.8%	1.9%
アメリカ	22.3%	43.8%	14.6%	3.5%
日本	8.0%	36.1%	42.7%	10.2%

し、意欲格差社会を作っていると、苅谷剛彦は『階層化日本と教育危機』で指摘している。

(4) 自己原因性を感じる経験の減少

　子どもが自己効力感を経験するためには、自分の意志で行動していると思えることが必要である。自分が行動の主体であり、かつ、それが成果をもたらしたとき、「自分がやった」と思い、効力感を感じる。たとえ行動に伴って好ま

しい結果が生じても、それが他人からやらされた行動であれば、自己原因性は感じられない。

現代の青少年が効力感をもてないことの一因として、大人による統制・介入が多くなり、自己原因性を感じる経験が減少していることがあげられる。たとえば子どもが自己原因性を感じられる数少ない活動である遊びの減少、あるいは遊びとしての活動のお稽古事化による自己原因性の稀薄化（子どもは早く効率的にうまくなるが、大人に言われるままにやった成果である）、大人主体の効率的な教え込み、過保護・過干渉で大人から言われることをするだけ、「よい子への圧力」に従うだけで自分の意志で行動できず、「小さい悪」すら犯したことのない問題のない子どもたち……。少子化と、大人のかかわりの増加が、子どもの自律性・自主性を阻害し、自己原因性の経験を減少させているといえる。

第2に、科学技術が著しく発達した現代特有の問題として、子どもたちが過度に自己原因性を感じる経験をしていることがあげられる。彼らは高度な科学技術によりものの世界を支配し、バーチャルな世界で強烈な自己原因性を経験している。コンピュータゲームでは、自分が神であるようにすべてを動かす。そのような経験と現実世界での生身の自分の経験は、(1)で述べたのと同様、あまりにギャップが大きく、現実世界での経験は必要以上に自己原因性がないものとして感じられてしまうだろう。そのギャップに傷つき、時にバーチャルな世界でと同様の自己原因性を現実世界でもとうとする者が出てきたりしている。

日常的な場面で、あるいは現実世界で効力感や自己原因性をもてず、無気力になり、存在感も感じられない者たちは、自分にも可能な別の場面で自分の存在感を感じようとして、反社会的な行動に出たりしていると考えられる。いじめにしろ、非行にしろ、自分の行動の成果が明確で、また自分が原因であることを強烈に実感できる行為である。自己確認型の犯行、劇場型の犯行と言われるような行動は、無力感・非実在感から回復しようとする絶望的な試みなのであろう（【コラム10-3】）。

(5) 自己原因性の抑圧

(1) (2)で努力を認めてもらうこと、自分がやったことを他者が認めてプラスの強化を与えてくれることの重要性を述べ、(4)では大人の過剰なかかわりが自己原因性を稀薄化することを述べたが、子どもの状態を理解しないプラス

> **コラム 10-3　自己確認型の非行**
>
> 　現代の非行は、かつての非行とは異なり、貧しくて自分だけ買えないから盗むというような「貧しさ」や「豊かな社会からの疎外感」に基づくものではなく、「遊び型非行」と言われるように、スリルを求めて、イライラ感・ストレス発散のために遊び感覚で行うものへとシフトしてきたが、1997年の酒鬼薔薇事件の頃から、自分の存在の稀薄さや無力感をもつ者が、自分の存在感を感じ、無力感から回復する手段として、反社会的な行為をする傾向が見られるようになっている。
> 　酒鬼薔薇聖斗と名乗る14歳の少年の声明文は、自分の存在の稀薄さから自己確認のための行動をとるという心境が読み取れるとして話題になった。
>
> 　「さあ、ゲームの始まりです。ボクは殺しが愉快でたまらない。ボクがわざわざ世間の注目を集めたのは、今までも、そしてこれからも透明な存在であり続けるボクを、せめてあなたたちの空想のなかだけでも、実在の人間として認めていただきたいのである。」
>
> 　その後のマスコミを賑わす凶悪な犯罪も、現実の世界で自己原因性をもてない者が犯罪を犯すことで一時大きな自己原因性をもち、かろうじて自分の存在感を得ようとしているように思われる。
> 　宮部みゆきの小説『模倣犯』の主人公ピースは、強烈な自己原因性を求めて連続殺人事件をおこし、友人を犯人に仕立てた上で、「彼は犯人ではない、真犯人がいる」と華々しくマスコミに登場する。そして「この連続殺人事件はある犯罪の模倣にすぎない」というコメントに激昂し、「俺の独創だ」と叫んでしまう。ピースにとって、すべてを自分が動かし、そのことにより注目を集めているという感覚こそが最重要であり、それが脅かされるのであれば自白も厭わないのである。　　〔宮部みゆき『模倣犯』小学館, 2001.〕

の強化が自己原因性を抑圧することがあることを付け加えておきたい。
　一般的に他者に認められることは自己肯定感や効力感を強める。自分でもよくできたと思っていることを認められたとき、また自分ではわからないが、そう言われて「よくできたのだ！」と思えるとき、自己肯定感を経験し、さらに

やりたい気持になる。一方、自分のもつ意図ややった結果に対する自分の感覚と他者からのフィードバックがズレているときや、自分ではよいと思えないことを褒められたり、勝手な思い込みで褒められるとき、自分が感じた自己原因性は補強されない。そしてその他者の存在が心理的に大きければ、そのフィードバックが重要になり、その行動から自己原因性は感じられなくなり、その他者から認められることを求めて、その人に支配される行動になってしまう。

　第9章で「外的強化による内発性の抑制」として、強化が情報的・認知的なものであれば内発的行動はさらに促進されるが、自分を統制し制御するものととらえられれば、内発性は抑圧されることを述べた。それまでに自己原因性を十分感じられず存在感が希薄であるような場合、自分の気持や自律性が尊重されずに褒められることが、相手に制御され、自己原因性をさらに失うという結果をもたらすことが考えられる。たとえば大人の期待に合ったときのみ強化が与えられ、本人がその強化によってしか支えを得られないようなとき、大人が期待する「よい子像」が自分の目指すものと食い違えば、その子は「いつわりの自己」を生き、自己原因性を放棄することになってしまうだろう。『智恵子飛ぶ』に描かれた高村智恵子は、高村光太郎の熱烈な賞賛の言葉に支配され、それに応じられないことに傷つき、内的自由を失っていったように思われる（【コラム10-4】）。

　以上のように、子どもの気持や状態を理解しない不適切な大人の対応（プラスの強化、マイナスの強化、強化しないのどれであっても）が子どもの無気力を引き起こしているといえる。

5　無力感の克服

　無力感をもってしまい、努力しても無駄と思っている青少年に、いかにして努力する気持をもたせるかは、現代の教育に最も求められていることであろう。ここでは、今までに述べてきたことと関連する、教育心理学上の知見から考えられることについて述べてみる。

コラム 10-4　高村智恵子と高村光太郎の場合

　詩人で彫刻家だった高村光太郎の詩集『智恵子抄』に歌われた智恵子は、絵の才能をもち、「青鞜」に属して自分の可能性を実現化しようとする新しい女性で、高村光太郎と結婚。夫婦で芸術を志すが、徐々に精神のバランスを失っていく。精神病院に入院するが、病状はさらに悪化し、そこで亡くなる。津村節子の『智恵子飛ぶ』は、その悲劇的な人生を追う小説だが、ここで述べた「自己原因性の抑圧」が彼女の悲劇をもたらした1つの要因であることが述べられているように思われる。

　高村光太郎にとって智恵子は、自分を救ってくれた女神であり、愛と憧れの対象である。彼は、自分のなかにある理想像を彼女に投影する。光太郎にとって智恵子は美しく強いのだが、それは光太郎が作り上げた理想像・思い込みであり、実際の智恵子にはさまざまな心労があり、それを苦もなく乗り越えるような強さはない。そして智恵子は自分の作品は光太郎に認められていないと感じ、自分はおいていかれるのではないかと思っている。自分にとって一番大切なところは認めてもらえず、別の側面を過剰に崇められる。智恵子は光太郎の賞賛を維持することの大変さに押しつぶされ、才能は信じられず、心労に心をすり減らしていく。たとえば次の光太郎の詩

　「をんなが付属品をだんだん棄てると／どうしてこんなにきれいになるのか。／年で洗われたあなたのからだは／無辺際を飛ぶ天の金属。／見えも外聞もてんで歯のたたない／中身ばかりの清冽な生きものが／生きて動いて／さつさつと意慾する。／をんながをんなを取りもどすのは／かうした世紀の修業によるのか。／あなたが黙って立っていると／まことに神の造りしものだ。／時々内心おどろくほど／あなたはだんだんきれいになる。」

　これは、自分にとっての女神であり続けてほしいという一方的な思いの吐露であるように思われる。絵を描くことによる自己実現を目指す智恵子の思いと、光太郎が崇めるものとのズレ。この詩を、智恵子はどんな思いで読んだのだろうか。

　重要な他者に認められることは喜ばしいことだが、あることを過大評価され、そしてその人からの承認が重要である場合、本人の意志とは無関係にそ

の評価に値するように目指さざるをえなくなってしまう。そのとき自分の行動から自己原因性は抜け落ち、他者の意向に添う行動になってしまう危険性がある。自分の才能を伸ばす志向、自己実現を目指す強い志向をもっていた智恵子は、自発性と自己原因性を失っていくと共に、精神を病んでいったように思われる。〔津村節子『智恵子飛ぶ』講談社, 1997.〕

(1) 現実的な目標・方法を使って、努力したら成功したという経験をさせる

　努力をしても何も変わらないと思ってしまっている者を変える第1の方法は、努力をしたら変わったという経験をさせること、努力の有効性を確認させることである。といっても、それができないからこそ無力感をもってしまったわけだが、次のような方法で自分の有能さを感じさせる。

　① まず努力の仕方を改善させ、よい学習指導法を工夫することによってわかるように（できるように）させる。②「努力→失敗」を「努力→成功」にするために、目標をこきざみにする。失敗が続くのは目標が本人にとってむずかしすぎるからであり、目標を小ステップにすることにより、成果があったと感じられるようにする。③ 学習結果の評価は相対評価で行わず、**到達度評価**や**個人内評価**で行い、設定した目標にどのくらい近づいたか、本人が何ができるようになったかを見るようにする。はかばかしい進歩がなく、わずかな成果しかなくてもフィードバックを返す。④ 努力を認める多様な基準をもち、学習以外の努力に対しても成果を認める。1つのことでも自信をもてれば全体的に無気力になるということはないと思われる。⑤ 努力しても失敗が続く場合は、時には目標を変えることも必要になる。誰もが到達する必要がある場合は②のように小ステップで努力を促すが、そうではない場合は、努力をすれば到達できるような本人に合った目標に切り替えることも考えねばならない（「やればできる」と、いつまでも努力を促すことは手ひどい無力感を与える可能性がある）。つまり本人にあった現実的な目標を設定し、その目標に到達するように援助し、努力が成果をもたらすことを経験させて、本人のやる気を引き出していく（【コラム 10-5】）。

(2) 原因帰属の仕方を変えさせる

　2節でやる気の有無と原因帰属の仕方が関連することを述べたが、原因帰属

コラム 10-5 『エイブル able』——知的障害者の達成

　知的障害のある日本人の少年2人（自閉症で言葉を話さない17歳のジュンと作業所で働いている19歳のダウン症のゲン）が、アメリカ・アリゾナ州のキャサリンとマーク夫妻の家にホームステイをしながら、学校や仕事、スポーツを通して地元の人たちと交流する日々を描いたドキュメンタリー作品である。

　ジュンは高校、ゲンはリハビリテーション・センターに通う。ジュンは粘り強く優しく話しかけてくれるキャサリンの呼びかけに、「グッナイ」と言えるようになる（英語なのでキャサリンは伝わらなくても挫けず、ゆっくりできるようになる過程を受け入れやすかったように思われる）。ゲンもホテルのランドリールームで（そこでは多くの障害者たちが自分にできる仕事を嬉しそうにしている）時に誇らしげな表情を浮かべ、「自信に満ちたプロ」のように働くようになる。2人はスペシャルオリンピックス（障害者のオリンピック）のアリゾナ大会のバスケットに出場するために練習に励む。そしてこれもゆっくりとできるようになっていく。ジュンは高校で他の人のためにドアをあけて待つようになり、別れの時には涙を流す。

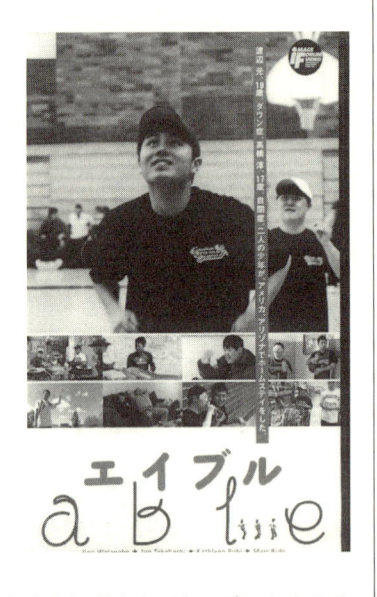

　障害のある人は「できない人」と思われ、本人もできないと思わされ、「できない人」として（無力感や劣等感と共に）生きていることが多いと思われる。しかしその人に合ったことにゆっくりと取り組み、それをまわりの人が援助し、できるようになったことを認めてくれたり喜んでくれると、彼らもそれなりにいろいろなことができるようになっていくのである。2人の少年は、できるようになったことを認め喜んでくれる周囲の人々に支えられて、自己効力感や自信をもって生き生きと生き、成長している。誰もが"able"なのだということが伝わってくる。

（『エイブル able』小栗謙一監督, 2001/2002）

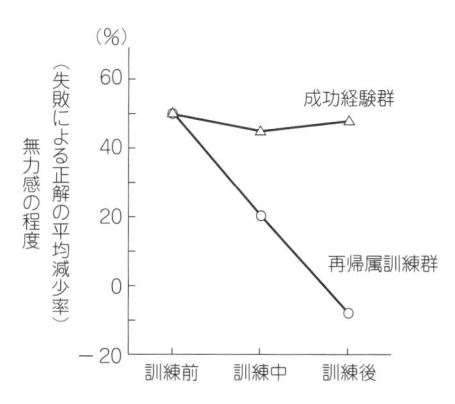

図 10-8　成功経験群と再帰属訓練群の失敗導入による無力感の変化 (Dweck, 1975)

の仕方を変えさせることが無力感の克服に役立つことも示されている。ドゥエックは無力感の強い子どもに、(a) 成功経験を与える群と、(b) 原因帰属を変えさせる群で治療教育を行った（図10-8）。(a) 群はやさしい到達目標を設定することにより成功経験だけで学習を進め、(b) 群は5回中1回だけ失敗経験をさせて、失敗を努力不足と告げるというものである。25日間続けた結果、(a) 群は以前と同様失敗するとやる気をなくすのに対し、(b) 群は失敗してもその後成績が落ちることはなく、失敗を努力不足に帰属させる者が増えた。

　この実験は、子どもの原因帰属の仕方を変えることの重要性と、大人が示す原因帰属が子どもに伝わることを示している。親や教師が失敗を能力不足に帰属させるような対応や、失敗を一般化するような言動（「やっぱりあなたには無理なのね」「あなたは何をやってもダメね」）をすれば子どももそのような帰属をするようになるし、失敗は努力不足であり「もう少し頑張ればできるよ」という対応をしていれば、子どもの原因帰属の仕方もそのようになるのである。

(3) 他者との温かい交流 ── 他者の役に立つこと

　努力しても何もできない、意味あることなんてできないと思っている者が、誰かの役に立つという経験をすることにより、立ち直るというような報告がしばしばなされる。不登校の子がたまたま登校したとき、文化祭の準備で皆の役に立った、ボケて無気力になってしまった老人が、ちょっとした仕事を頼まれたというようなことがきっかけになってひどい無力感から脱した、学校で鬱々

としていた子がアルバイトやボランティアで生き生き活動していたというような報告は多い。あるいは異年齢の人との交流が、同年齢の人との交流では得られないような「相手に喜ばれ、必要とされる」経験をもたらし、双方に自己肯定感をもたらすことも多いようである。【コラム 10-6】にそのような経過が描かれた小説をあげてみた。

　自分の行動が他者の役に立ち、他者に喜んでもらえるとき、我々は自己原因性を感じることができる。自分の働きかけの手応えを他者から返され、この人が喜んでいるその原因は自分なのだと思えるのである。自分が誰かから必要とされていることは、我々に大きな喜びと充実感を与える。特に自分が原因になることが少ない幼少の者や無力感をもっている者にとって、自分が他者の役に立つ、「必要とされている」という経験は重要であろう。

(4) 自律性の尊重

　効力感や自己原因性をもつためには、行動に伴って成果があることが必要だが、それと同時に、その行動が自分の意志でなされたと思えることが必要である。自分で行動を選択し、自分の行動の源泉は自分であると感じられないと、せっかくうまくいっても効力感は感じられない。自分の意志でものごとを決めることが人を生き生きさせるのである（【コラム 10-7】）。『100 万回生きたねこ』は、傍目にいい人生であっても他人の意志のままに生きているため、どうでもいい人生を生き続け、最後にやっと自分の人生を生き、満足して死んでいく（【コラム 10-8】）。

　子どもの行動・学習に大人からの援助や方向づけが必要な場合も多いが、子どもが自分で選び、自分の力でできたと思えるくらいの援助や方向づけである必要がある。

(5) 自分にとって重要と感じられる活動

　無力感をもち、意味あることなどできないと思っている青少年であっても、自分にとって意味がある活動を見つけ、その活動から成果を感じ、さらに熟達していける機会をもてれば、自ら熟達しようとして自己学習することが可能である。自分にとって重要と感じるためには、(4)で述べたようにやらされているのではなく、自分の意志でやっていると感じられることと、自分なりのビジ

コラム 10-6　老人と少年の交流 ──『博士の愛した数式』と『夏の庭』

　年代が大きく異なる他者との交流によって、それまでもてなかった他者からの手応え＝効力感を経験できる場合がある。たとえば社会における役割を失って無力感をもってしまった老人や落ちこぼれてしまった高校生が、孫や幼児に慕われたり、あるいは幼稚園児や小学生が老人ホームを訪問して喜ばれる経験をするなかで自信をつけたりすることが指摘されている。

　ここで取り上げる2つの小説は、小学校の高学年の少年とたまたま知り合った老人が交流するなかで無気力から立ち直る過程が描かれている。どちらの老人も、妻や子ども・孫はおらず全く孤独で、少年たちも親との関係において問題をかかえていたり、寂しさをもっている。生産性をなくし、それと共に社会生活もなくした無気力な老人が、彼に残された生産性を使って後世代にかかわるなかで、少年たちから肯定的な反応を得て、無気力から立ち直り、また少年たちも老人との交流から情緒的・道具的サポートを得て生産性課題に取り組み、豊かな時間を過ごし、これから生きていく上での支えも得る姿が描かれている。誰からも必要とされず、誰からも大切に思われていなかった老人が、思いがけず少年たちにとって必要で大切な存在になり、そのことが老人を立ち直らせ、少年たちも自分が老人から必要とされていること、老人を喜ばせていることを感じ、効力感を感じて、困難な課題に挑戦したりしている。

　『博士の愛した数式』の主人公の「博士」は、交通事故による脳障害によって80分しか記憶が続かない64歳の元数学者。大学での職を失い、記憶の障害のため他者と経験を共有することもできず、孤独に生きている。新しく雇われた家政婦は、とまどいながらも博士の数字をめぐる話に心惹かれるようになる。家政婦に10歳の息子がいて1人で母親の帰りを待っていたが、放課後博士の家で一緒に過ごすことになる。博士は彼をとても大切に遇し、算数の勉強を教えたりし、少年も博士を慕うようになり、心温まる時を過ごす。記憶時間がさらに短縮するようになると、博士は施設に移るが、その後も少年はお見舞いに行き続け、やがて少年は数学教師になり、数式の魅力を生徒に伝える。

　『夏の庭』は3人の少年が、人が死ぬことがどういうことか知りたいということから、1人暮らしのもうすぐ死にそうな老人を見張ることにするという話。見張られているうちに、無気力で自堕落な生活をしていた老人が変わ

っていき、3人に指図して雑用をやらせ、家の状況を変えていく。やり方を教わったり、ときに褒められたりするうちに、3人は手伝うことが楽しくなって、何かというと老人の家に集まって、雑用をしたり、老人の話を聞いたりして、一夏を過ごす。やがて老人は亡くなるが、3人は老人が立派に生きたことを感じ、「僕も頑張るよ」と言って勉強に励む（詳しくは山岸の文献参照）。

〔小川洋子『博士の愛した数式』新潮社, 2003; 湯本香樹実『夏の庭』福武書店, 1992; 山岸 2007.〕

コラム 10-7 老人ホーム入居者の健康度

　ある心理学の実験で、老人ホームの入居者に楽しみをもたらすため、観葉植物と映画を2通りのやり方で提供した。

　1階の入居者には、「ここは皆さんの生活の場なので、自分の望み通りにできます。今まで何でも自分で決断してきたように、ここでもそうしてください」と言い、2つの観葉植物のうち、気に入った方を1つ選ぶように、また来週の木曜と金曜の都合のよい日に映画を上映するので、皆で相談してどちらか決めるように言う。

　それに対し2階の入居者には、「皆さんに役立つことを、何でもするのが私たちの勤めだと思っています」と言い、観葉植物を手渡し、職員が水やりなどの世話をして育てることを伝え、また来週の木曜か金曜のどちらかに映画を上映するが、どちらかに決まったら連絡すると伝える。

　その結果、1階の入居者は活動的になり、より抑うつ的でなくなり、18ヵ月後にはさらに元気になったという。

　至れり尽くせりの世話をされることが生活の質を高めるのではなく、自律を重視されて、自分の意志でものごとを決めることが、老人を生き生きとさせることが示されている。　〔ピーターソン, C. 他／津田訳, 1993/2000.〕

ョンの実現にかかわる意味ある行動と感じられることが必要である（(3)の他者の役に立つ行動も意味を感じられる行動の1つである）。

　我々は意味を感じられない学習や仕事を課せられても、やる気になれないし、いやいややるだけである。何につながるのか、そのビジョンがもてれば、単調

> **コラム** 10-8 『100万回生きたねこ』

　「100万年も死なないねこがいました。100万回も死んで100万回も生きたのです。立派なとらねこでした。100万人の人がそのねこを可愛がり、100万人の人がそのねこが死んだとき泣きました。ねこは1回も泣きませんでした。」という文章で始まる絵本である。
　主人公のねこは皆に可愛がられるが、ねこのことを考えない自分勝手な可愛がり方で、ねこはみんな大嫌い。他者を愛したことはないし、自分の意志で生きていない「コマ」としての人生を生きてきた。だから「ねこは死ぬのなんか平気」で、100万回も死んできた。
　そのねこが初めて自分の意志で生きるようになる。「ある時、ねこは誰のねこでもありませんでした。のらねこだったのです。ねこは初めて自分のねこになりました。ねこは自分が大好きでした。なにしろ立派なとらねこだったので、立派なのらねこになりました。」そして白いねこに恋をし、他者を愛するねこ、自分の意志で生きるねこになって、幸せな人生をおくる。やがて白いねこが死ぬと、「ねこは100万回も泣きました。朝になって夜になって、ある日のお昼に、ねこは泣きやみました。ねこは白いねこのとなりで静かに動かなくなりました。ねこはもう決して生き返りませんでした。」と終わる。
　いくら可愛がられても、自分の意志で生きていないと「生きている」と感じられないということ。ただしこのねこが白いねこを愛し、能動的に生きられたのは、結局「不適切に」愛されているときに愛する力を身につけたということ（やっぱり愛されてもいたのだ）。このねこは過保護な大人に囲まれて、100万年も自立せず子ども（大人のペット）でい続けたねこで、やっと青年期の自立を達成し、自分の足で立ち、自分の人生を選んだというようにも読める。ともかく、自分の意志で自立的に生きることの重要性が伝わってくる。
〔佐野洋子『100万回生きたねこ』講談社, 1977.〕

な仕事であっても続けられるが、それがなければ無意味感に苛まれるだろう。ナチスの収容所で、する意味が全くわからない仕事を続けさせられたユダヤ人たちは、精神を正常に保てなくなったのである（【コラム10-9】）。人間にとって自分の行動に意味を感じられることがいかに重要かがよくわかる。いじめ事件

> **コラム 10-9　ユダヤ人収容所での精神衛生実験**
>
> 　ナチスの親衛隊がユダヤ人収容所で行った実験の1つに、無意味な作業をさせるというものがあった。ユダヤ人収容者は、敷地内の一角から約4マイル離れた地点まで砂や石を運び、それが終わると運んだものを元の地点まで戻すという作業を課せられた。この実験の効果は劇的で、数日のうちに、数人がわけもなく死に、また電気が流れている鉄条網に走り込んで自殺したり、発狂したりする者が続出した。
>
> 　苛酷な労働であっても、それが何かの役に立つ、何かにつながっていると思えれば、それなりのやりがい、効力感はあるだろう。しかし苦しい思いをしてやった労働が全く無意味であること、その無意味さを知らされてやり続けることが、人間にとっていかに酷いことか、正常な状態でいることを不可能にすることかがわかる。
>
> 　　　　　　　　　　　　　　　（ハイムラー／平井・宮副訳, 1975 / 1982）

で自殺した大河内くんの最大のつらさも「自分の行動の無意味さ」であったと思われる（【コラム 10-10】）。

　無気力から立ち直る最良の方法は、自分が意味ある活動をしていて、その成果があること、自分が努力することにより自分の目指すものに少しずつ近づいていると思える活動を見つけることである。

(6) 他者からの無条件の受容・肯定

　(1)(2)は他者が子どもの行動に的確に応答することの必要性、(3)は子どもの行動に対して自然に生じる他者からの応答が子どもに効力感を与えるということであるが、どちらも子どもの行動が何かを達成し、成果をもたらしたことに対する応答の問題であった。それに対し、これは子どもが何かを達成したから応じるというのではなく、何もできない子どもをそのまま肯定し受容してくれる他者の存在である。深い無力感をもってしまった子どもについては、臨床心理学的な対処が必要になり、本書はそこまで触れられないが、個々の成果に対する応答だけでなく、その子どもの存在全体をありのままに受け止めるような対応も必要であろう。その例として、第1章でも取り上げた小説（「まゆみのマーチ」）を再び【コラム 10-11】に取り上げた。

> **コラム 10-10　大河内くんの自殺**
>
> 　1994年、愛知県の中学2年生の大河内清輝くんが、苛酷ないじめを受けて自殺した。計114万円を同級生に脅しとられていたことが判明した。現金の要求は10回以上にわたって行われ、大河内くんは好きなゲームソフトを売ったり、散髪代をうかして工面していた。しかし度重なる数万円の要求に応えられなくなり、大河内くんは家族の財布からお金を抜き取るようになる。「強盗してでも金を持ってこい」と脅されて、別の同級生の家に盗みに入らされたこともあった。こうしたお金はグループのカラオケやゲームセンター遊びや、コンビニで食糧や酒を買うのに使われた。
>
> 　いじめられることの苦痛だけでなく、家からたくさんのお金を持ち出して家族を裏切り、そのような悪いことをし続けるつらさ。彼は遺書と共に母親宛に114万円の借用書を残している。中井久夫はいじめは「孤立化・透明化・無力化」を経て完成するとしたが、彼の場合まさにそれが完成されたと考えられる。中井は大河内くんにとって何よりつらかったのは、献身的行為を無価値のように扱われたことではないかと指摘している。彼が必死の思いで集めてきたものをただ棄ててしまわれたときの無力感・絶望感。せめてそれを使ってくれれば（悪いことをして集めてきたとしても）微かな効力感を感じられるが、自分の努力が全くの無と化してしまう。そのとき彼は、自己の無価値感、無力感に打ちのめされたのだと思われる。〔中井久夫, 1997.〕

　以上、無力感の原因とその克服（それは原因を取り除くことでもある）について述べてきた。自己学習から少しズレてしまったが、無力感の克服は効力感をもつことにつながり、自己学習を成立させるための対処にもなっていると思われる。

> **コラム 10-11　無条件の受容・肯定に支えられる──『まゆみのマーチ』**
>
> 【コラム 1-1】でも取り上げたが、歌の好きなまゆみは学校の授業中でも歌を歌ってしまい、困った担任はだんだん強い注意を与えるようになり、マスクをさせたり唇を押さえたりするようになる。そしてまゆみは口をあけられなくなり、学校に行けなくなってしまう。
>
> それまでも歌を歌って注意されても、叱ったりすることなく受容的だった母親は、「おかあちゃんと遊ぼう」と言って休ませるが、まゆみが「学校が好き、先生が好き」と作文に書いていることを知ると、学校へ行くことの支援を始める。
>
> 学校に向かって歩けなくなってしまったまゆみと並んで、少しずつ歩く……。「どないしても足が動かんの。靴に重石がついたみたいになって。」最初の日は玄関に降りるまで、次の日は玄関の外に一歩、3日目は門の手前まで。母親は「がんばれ」とは一度も言わなかった。並んで歩いてくれた。途中歩けなくなると、母親も止まり、まゆみが歩き出すまで並んで待ってくれた。最初の信号の所に来るまでに1ヵ月。母親は家を出ると、ずっと中腰になって「まゆみのマーチ」を歌ってくれた。やがてまゆみも一緒に歌えるようになる。「うちがちっちゃな声で歌うたら、おかあちゃん喜んだなー。帰りはうちをおんぶしてくれて……。」
>
> その歌は「まゆみが好き、好き、好っき、まゆみが好き、好き、好っき」を繰り返すだけのものだった。まゆみは一生分の「好き」を言ってもらって、3ヵ月かかって学校に行けるようになった。
>
> 「うちはこんなに何度もおかあちゃんに好きと言ってもらって、世界一幸せな女の子。だからつらいときも元気だせたんよ」と母の死後、不登校の息子を抱えた兄にまゆみが語る。
>
> 無条件の肯定、存在そのものの受容が描かれた作品である。
>
> 〔重松清「まゆみのマーチ」『卒業』所収, 新潮社, 2004.〕

第11章 メタ認知

　自分で学習を進めていくためには、まず第9章、第10章で述べたような動機づけが必要だが、その他にも自ら適切な学習方法を用い、学習過程がうまく進むように自分で調整したり、学習結果を自分で評価することも必要である。そのような力は従来「自己学習能力」とか「自己教育力」と呼ばれてきたが、B. J. ジマーマンはその過程を具体的な段階に分けて記述し、**自己制御（調整）学習**（self-regulated learning）と名付けた。この自己制御学習の過程で特に重要なのが、**メタ認知**（metacognition）である。

　「メタ認知」とは「認知についての認知」という意味であり、自分の認知過程を自分で監視し、行動目標に合っているか評価し自分の行動をコントロールすることである。1970年代頃から研究が始められ、子どもの学習を促進する重要なことがらとして盛んに研究がなされている。自分の学習や認知過程を監視し制御することにより学習はスムーズに進み、学習の過程を自ら推進することも可能になると考えられる。ある課題を自分がどのくらいできそうか、自分が何をわかっていて何をわかっていないのか、どのあたりでつまずいているのか等をわかることは、適切な学習の方法をとり、学習の過程を軌道修正する上で重要であり、自己学習を進める上で必須の能力であるといえる。

　以下に自己制御学習やメタ認知とは何かの概略と、それらを育てる方法について述べる。

1 自己制御学習

自己制御学習とは、学習者自身が自分の目標をたて、その目標を達成するために計画をたてて、実行段階で思考や感情、行動をコントロールし、実行後に自分の学習を振り返って自らの学習行動を評価する学習である。自己制御理論では、学習は3つの段階が繰り返される過程であるとされる。その段階とは、(1) 計画、(2) 遂行または意思的制御、(3) 自己内省である。まず目標を設定し、学習方略を選択する。どのような目標をたてるかは自己効力感と関連している。目標や方略に基づいて学習が行われるが、遂行しながら、注意の集中はできているか、学習方略は適切か、予定通り進んでいるか等、学習過程を監視しコントロールしながら進めていく。そしてやったことを振り返り（どこまで達成できたか、うまくいかなかったのはどこか、その原因は何か等）、それに基づいて次の計画をたてる（図11-1）。

学習制御の自己成就モデル

計画 → 遂行または意思的制御 → 自己内省 → 計画

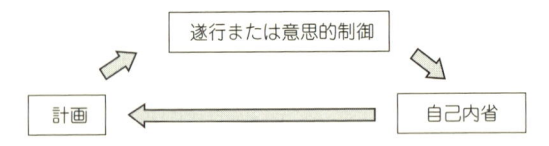

図11-1 学習サイクルの段階（シャンク＆ジマーマン／塚野訳, 1998 / 2007）

A. バンデューラは自己制御は3つの下位過程から構成されるとしている。まず自分の行動の特定の面に注意を向ける（自己観察）。この時それをモニターすることで自分が向上している感覚を得ることができ、自己効力感が高まる。そして現在の遂行レベルと基準を比較し（自己判断）、自分の行動を評価する（自己反応）。

バンデューラ他は以前から自己強化が外的強化と同様、行動を形成することを示し、その判断の基準ははじめは大人から与えられたものであるが、学習が進むにつれて自律的な判断が可能になっていくことを指摘していた（学習の初

期には大人による強化が必要だが、徐々に学習結果を自分で判断できるようになり、認知的強化は自己強化へと移行していく)。大人が自己制御学習のプロセスを準備し、援助することが、自律的な学習者を育てるために重要である。

2 メタ認知

1節の自己制御学習には、自分の学習過程を観察し、目標や基準に照らし合わせてモニターする過程が含まれていたが、そのような自分の認知や思考を監視するメタ認知が注目されている。

メタ認知は、(A)「メタ認知的知識」と、(B)「メタ認知的活動」からなっていて、それにより自分の認知や思考を監視しコントロールするというのがメタ認知のプロセスモデルである(図11-2)。メタ認知的知識は、学習にどのような要因が関連しているのか、どのような方略を使えばよいのかに関する知識であり、(1)人間一般や自分の認知についての知識、(2)課題についての知識、(3)方略についての知識からなる。学習者はそれに基づいて学習のプランを立て、学習を遂行していく。それらをもっていない者や不適切な者は適切なプランを立てられないし、途中でプランを変えたりするなどして学習過程を適切に

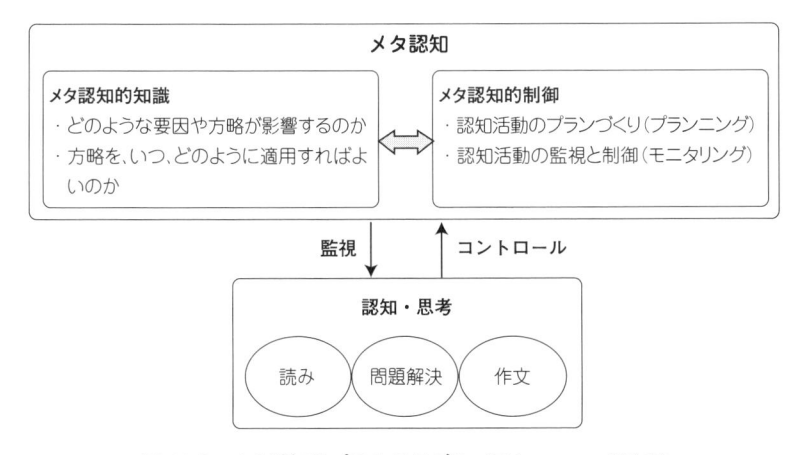

図11-2　メタ認知のプロセスモデル(岡本, 2001. 一部改変)

維持していくこともできない。

　たとえば自分が一度にどのくらいの項目を記憶できるかわかっていない子どもは、たくさんの項目を覚えることが必要な課題をやって失敗してしまうことになる（4歳児の半数は10個の項目を覚える課題で「全部覚えた」と言うが、実際にはほぼ3個しか覚えられず、そのことが明らかになってもまだ「10個できる」と思っていることが示されているが、自分の記憶についてのメタ認知的知識がないため、適切なプランを立てたり、記憶方法を工夫して成績をあげることができないといえる）。また課題についての知識がなく、何を考えればいいのかわからなければ、課題への向かい方（たとえば、何に重点を置いて読むか）は適切にはならない。あるいはこの目標に至るためにはどのような方略があり、どの方略が適切なのかに関する知識があれば、目標に至りやすくなる。本を読んでよくわからないときに、漫然と読み続けるのではなく、「むずかしいところはゆっくり読んだ方がいい」「よくわからないときは少し戻って読み返すことが必要である」という方略を知っていてそれを使えば、わかるようになる可能性は高くなる。そのような自分の認知のあり方や課題、方略についての知識をもっていることが、（B）のメタ認知的活動を行っていく上で必要である。

　メタ認知的活動とは、学習活動をモニターし、目標に向けて調整や修正をすることで、① メタ認知的モニタリングと、② メタ認知的コントロールからなる。モニタリングとは、自分の認知過程を監視し、自分はできているのか、わかっているのか、どこでわからなくなっているのか、このままのやり方でいいのか等をチェックすることである。そしてその結果に基づいて認知活動や学習のやり方を変えていくのがメタ認知的コントロールである。たとえば上述の例のように「自分にはむずかしくてわからない」というモニタリングに基づいて「ゆっくり読む・戻って読み返す」という方略を使うようにしたり、うまくいかない方略をやめて別の方略を使ってみる、課題をもう一度見直して目標を確認する（学習課題の意識化）等、学習過程が適切に進行するように自分で変えていく。三宮真智子はモニタリングとコントロールの機能を表11-1のように整理して示している。

　そのようなメタ認知が学習を促進することが多くの研究で示されている。たとえば小学4～6年生の文章の要約テストの訓練として、① 文章の要約の仕

表11-1　メタ認知の2つの機能 (三宮, 1996)

モニタリング	気づき 感覚 予測 点検	「ここで理解できていない」 「なんとなくわかっている」 「この問題なら簡単に解けそうだ」 「この考え方でいいのか」
コントロール	目標設定 計画 修正	「完璧に理解しよう」 「簡単なところから始めよう」 「この考え方ではだめだから、別の考え方をしてみよう」

方を教える「方略群」、② 要約の仕方に加えて、メタ認知的活動のやり方（じっくり考える・自分の認知過程のモニタリング・より有効な方略を考える等）の訓練も行う「メタ認知群」、③ 特別な訓練をしない「統制群」の3群では、メタ認知群の成績が最も伸びていた（鹿毛, 2006）。すぐに問題を解くのではなく、何が問題か、どのような方略があり何が適切かを考え、取り組んでいるときも「今何を行っているのか？ どうしてそれを行っているのか？ よりよい方法はないか？」と考えながらやることが、問題解決を促進するのである。

メタ認知研究は主に文章理解や作文、数学の問題解決に関して進められているが、創造的活動は自分で自分の活動をチェックし、修正しながら進めていく活動で、メタ認知的能力が必須な活動であるといえる。【コラム11-1】にあげた小説家村上春樹のエッセイは、彼が自らの執筆活動を維持するための（執筆の方略ではなく、それを続けるための）メタ認知的な方略が語られている。

また第Ⅱ部で述べた認知行動療法も、自分の認知過程を意識化し、その歪みを修正するものであり、メタ認知的活動が含まれているといえる。論理療法は自分がもつ信念が非合理的なことに気づかせ、自滅的な感情や行動を建設的なものに修正させるものであるし、**セルフ・モニタリング**はまさにモニタリングによる行動修正である。表11-2にその例をあげたが、カロリー摂取を控えるという目標行動に対して治療者がかかわるのではなく、自分で自分の行動をモニターし、記録することにより、望ましい行動を増やし、望ましくない行動を減らすことが目指される。認知過程の意識化ではないが、自分の行動を意識化し自己評価することにより、行動が適切なものになっていくのである。【コラム11-2】にあげた小説の主人公も、メタ認知的活動を意識的に使っていじめに対処しているといえる。

コラム　11-1　村上春樹の執筆活動維持についてのメタ認知

　村上春樹のエッセイ『走ることについて語るときに僕の語ること』は、小説を書くことについてのメタ認知的語りといえる。彼によると、長編小説を書くという作業は、大量のエネルギーを長期にわたって必要とする肉体労働であり、日々訓練し筋力をつけていかねばならないという。そのために集中力を養い、持続力を増進させなければならないし、才能の絶対量の不足分を、作家はそれぞれ工夫し努力して補強している。そのように自らの課題を独自に分析し、それを達成するために彼は走ることを選んでいる。そして毎朝走り続け、走りながら、また走った後でその過程を振り返ってモニターし、それを小説を書くときに応用しているという。

　曰く「僕は小説を書くことについての多くを、道路を毎朝走ることから学んできた。自然に、フィジカルに、そして実務的に。どの程度、どこまで自分を厳しく追い込んでいけばいいのか？　どれくらいの休養が正当であって、どこからが休みすぎになるのか？　どれくらい外部の風景を意識しなくてはならず、どれくらい内部に深く集中すればいいのか？　どれくらい自分の能力を確信し、どれくらい自分を疑えばいいのか？……」

　彼は自分の課題について豊富なメタ認知的知識をもち、また走りながら、小説やエッセイを書きながらメタ認知的制御を行っている。小説を書くためにはメタ認知が必要だが、彼は特にメタ認知を意識化し、メタ認知を強く働かせる作家といえる。

　そのような彼の志向は『海辺のカフカ』にも表れている。主人公のカフカ少年は、幼少期に母親が家を出て、風変わりな芸術家の父親から心理的虐待を受けながら、誰からもほとんど助けられることなく孤独のなかを生きてきた少年である。彼はエディプス王のような危機的状況を回避するために15歳の誕生日に家出をし、さまざまな経験をするなかでかかえていた問題から立ち直っていくという小説である。彼は家出をするために周到な準備をしている ── ジムで体を鍛え、つまらない学校の授業もしっかり聞き、注意深く綿密な計画を立てる等 ──。彼は長期的な目標を立て、それに向けて努力し、その過程をチェックする力をもっていることが読み取れる。家を出た後も次々に降りかかってくる問題に立ち向かい、その過程をモニターし、微修正しながら解決していっている。その内省力や綿密な企画力、自分をコントロールする力は大人顔負けである（著者のあり方の投影であり、発達心理学的

には15歳では困難と思われる)。それがエディプス王と同じ大きな危機を乗り越えさせる1つの要因になっており、メタ認知能力の重要性が示されている(詳しくは山岸の文献参照)。
〔村上春樹 『走ることについて語るときに僕の語ること』文藝春秋, 2007;『海辺のカフカ』新潮社, 2002; 山岸, 2005.〕

表11-2 糖尿病患者の健康行動形成プログラムにおけるセルフモニタリング用紙
(坂野, 1995)

食行動の全過程における行動修正プログラム			
記入方法 当てはまると思うところに○をつけてください			
	はい	いいえ	どちらともいえない
空腹時には買い物に行かない			
調理に手間のかかる食品を選ぶ			
食べ物を見えないところの容器に保存する			
低カロリーの食品を用意する			
腹8分目にし、飽食はやめる			
ゆっくり食べる			
一度に一つのものだけ皿にとって食べる			
ながら食いをやめる			
食事時間をできるだけ一定にする			
夜遅く食事をしない			
朝食と昼食に重点を置き、夕食は控えめにとる			
食事が終わったら、すぐにその場を離れる			

3 メタ認知の育成

メタ認知が機能し始めるのは幼児期後期くらいで、認知の発達と共に育成されていく。また問題解決場面で大人が学習内容だけでなく、メタ認知に関する知識や活動の仕方も教えることにより、それを取り込んで自分でやるようになっている子どももいる。それをより活性化するためには、以下のような働きか

> **コラム 11-2　いじめにどう対処するか──『セッちゃん』**
>
> 　つらいいじめに耐える中学生加奈子の話。彼女は明るく積極的で「いじめ」とは無縁なタイプの中学生なのだが、「できる子へのやっかみ」からいじめを受ける。そのつらさを乗り越えるために彼女がとった方法の1つが、自分へのいじめを「セッちゃん」という転校生がいじめられているという話に変えて、毎日両親に語るというものであった。「生意気でいい子ぶってるんだって。そーゆー子って やっぱ浮いちゃうじゃん。シカトだよ、誰もしゃべってないもん」「こんなことがあった、ひどいよねー」「ちょーかわいそうなの、セッちゃんって」と、明るく、第三者の立場から、語り続ける。やがて両親にもそのことがわかり、彼らが苦悩するという話だが、加奈子の対処はメタ認知と関連しているように思われる。
>
> 　いじめに対してとった自分の行動を両親に話すことでモニターし、いじめを少なくするためにはどうすればよいかを考え、自分の行動を修正していく。1人で考えるのはつらいし、自分の行動として話すのもつらく、両親もつらい。でも考えないわけにはいかない。知的な学習とは異なるが、加奈子はいじめや自分に関するたくさんのメタ認知的知識をもち、メタ認知的活動で対処しているといえる。
>
> 　　　　〔重松清「セッちゃん」『ビタミンF』所収, 新潮社, 2000.〕

けが必要であろう。

（1）メタ認知の教示と提示

　メタ認知のやり方や知識（方略）を大人が意図的に示してその重要性を伝えること、またメタ認知を行うモデルになることが必要である。

（2）メタ認知の意識化

　メタ認知活動を活性化するためには、それを意識化させることも重要である。自分の学習過程がどう進展しているのかを言語報告させたり、内省させることで自分のやっていることを意識化させる。学習結果を見直すことは1つのメタ認知的活動だが、それだけでなく、学習のプロセスで何に対してどのように取り組んできたかの振り返りも重要である。メタ認知を行わない者には、教師が

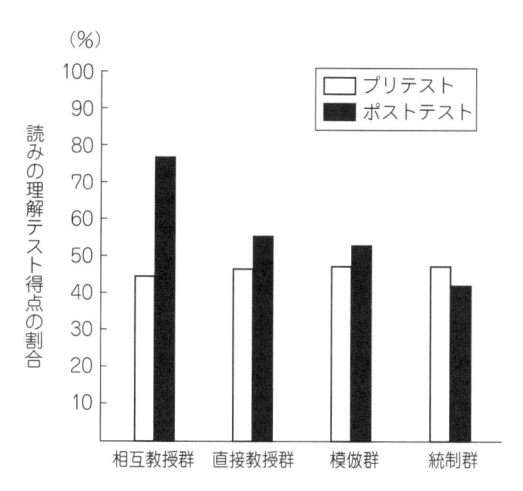

図11-3 相互教授法と他の教授法の理解テスト結果（Palincsar & Brown, 1984；多鹿, 2001 参照）

手がかりを与える。たとえば、問われていることを自分の言葉で言い換える、問題を解くために必要な活動ステップは何かを考え、行動計画を立てる、問題解決が進んでいるかを考える、得られた結果をチェックする。そのような手がかりを与えられることで、メタ認知活動を行えるようになる。

　グループで話し合うことも、他者のやり方から学べるし、自分のやり方の自覚にもなり、効果的である。また他者に教えること（相互教授法）もメタ認知を促進することが示されている。A. S. パリンサーとA. L. ブラウンは文章理解に弱さがある中学2年生を対象に、要約、質問作り、不明確な部分の明確化、後続の文章の予測という理解方略に関して以下の4群で検討している。① 教師の支援を受けながらグループで学習する相互教授群、② 理解方略を教師が直接教授する直接教授群、③ 教師が行うのを見て模倣する模倣群、④ 理解方略の情報を与えない統制群で行った結果、相互教授群の理解テストの得点が最も高く、文章理解が促進されることが示されている（図11-3）。

（3）メタ認知活動の改善

　メタ認知を意識化させて不適切なものに気づかせ、それを改善させる。たとえば課題目標の設定が不適切かもしれないし、遂行と目標の比較の仕方や、進歩のモニターが不適切かもしれない。使用している以外の方略に気づかせ、適

切と思われるものの使用を促す。表 11-3 はチェックリストの例である。

表 11-3　メタ認知活動チェックリストの例（岩男, 2006）

計画
1. 課題の性質は？
2. 私の目標は？
3. どんな種類の情報や方略が必要か？
4. どのくらいの時間や努力が必要か？

モニタリング
1. 自分がしていることを明確に理解しているか？
2. 課題の意味がわかるか？
3. 私は目標に近づきつつあるか？
4. 私は今の状態を変更したほうがよいか？

評価
1. 目標を達成したか？
2. 何が効果的だったか？
3. 何に効果がなかったか？
4. 次回は別のやり方をしたほうがよいか？

おわりに

　第1章でも述べたように、社会の変化と共に教育に関して問題となることも変化し、それに応じてどのように対処したらいいのかについてさまざまな検討が行なわれ、提言がなされてきた。文科省も次々に方針を打ち出し、それがまた問題を変化させてきた。受験戦争や管理教育の弊害から新学力観や生きる力、ゆとり教育が提唱され、その後学力低下、格差の広がりへの懸念、あるいは規範意識の低下が問題とされて、基礎をしっかり教えたり、生徒の自主性にまかせるだけでなく教え込むことの必要性が言われるようになった。最近の教育に関する言説は、「生きる力」や「子どもが自ら主体的に学ぶこと」対「しっかり教え込むこと」という、2つの教育的な関わりが対立的に言及されることが多いように思われる。

　私自身は、子どもも能動的な存在であり、自ら外界に働きかける中で発達するという子どもの主体性を重視する考え方に惹かれて教育心理学や発達心理学の研究をしてきたので、長年、その観点に立った教育心理学のテキストを作りたいという思いをもっていた。そのため当初は、大人主導対子どもの主体性重視という対立的なとらえ方をした上で、主体性重視の重要性を提言したいと考えていた。

　しかし教育心理学におけるさまざまな理論や考え方は、それぞれ異なった人間・発達・学習観に基づくものであっても（あるいはそうであるがゆえに）、一見正反対と見える主張も、相互に関連し合い補足し合うものであって、多くの理論が、最終的には子どもが自律し、自ら学ぶようになることを目指しているという点に着目しようと思うようになった。

　本書では、現代の教育に意味をもつと思われる教育心理学のさまざまな考え方が、それぞれどのような人間・発達・学習観をもち、どのような教育や発達をめぐる理論を構成しているのかを示しながら、大人のかかわり方を考えてみることとした。各人がもつ自分なりの人間観・教育観とは異なる理論についても学ぶことで視野が広がり、またそれらを比較して考えてみることにより、

各々の理論やそれが提唱する教育の特徴、それらがもつ問題点や限界がクリアになるし、あるかかわり方がどのような状況・どのような条件の下で有効なのかを考える上でも、視点が異なるさまざまな考え方を共に考える必要があると考えたからである。

　本書では、教育心理学が明らかにしてきたことを、時に映画（DVD）や小説を事例として示してみた。私の心に残っているものの中で本書の主旨に合うものを取り上げたわけだが、そのような作品は（作品全体がというのは多くはないけれど）実に沢山ある。教育作用というものは学校に限られるものではなく、至るところにあるのであって、作家が表現したいという気持を引き起こす重要なテーマであり、また読者や観るものに感動を与えるということなのだろう。最近「映画（DVD）や小説（漫画も可）、TVドラマ、ドキュメンタリー等を取り上げて、大人はいかに子どもにかかわったらいいかについて論ぜよ」というレポート課題を課したりしているが、「そんなこと急に言われても、何をとりあげたらいいか思いつかない」と言いながらも、ほとんどの学生が苦もなくさまざまな素材を使って論じている。

　実証的に裏付けられていることを、人々に感動を与えている作品で例示することは楽しい作業であった。教育心理学を客観的なデータだけでなく、血の通った人間ドラマを通して学ぶことで、印象的で楽しい学習ができるのではないかと思う。

　「大人は子どもにどうかかわったらいいか」という問いは、「大人から子どもへ」という一方的な働きかけのニュアンスがあるが、教育というものは一方的ではないということを最後につけ加えておきたい。われわれは誰もが、一人では生きられない無力な存在として生まれ、他者から援助を受け、社会や文化の助けを得ながら発達を遂げてきた。そして大人になって立場が変わって次世代を育てる立場になり、どのように子どもにかかわったらいいのかと考えるようになっている。

　大人になれば、メタ認知が大きく働くようになり、自己学習的要素が強くなるが、自分にはできないことを他者や道具に助けられて生活していることに変わりはない。また年をとったり、あるいは病気になったりすることにより、それまで自分でできていたことができなくなって、他者や道具の力を借りて援助的な関係の中で対処するようになっていく。このことは、大人も時には（そし

て最終的には必ず）本書で述べた子どもの立場に立つということである。「大人は子どもにいかにかかわるか」と言う時、大人は常に教育作用を与える側にいるというわけではない。その受け手にもなることが含まれているのである。

　大人は次世代を育てる中で自分も自我を発達させていくこと（生殖性）を「はじめに」で述べた。また、他者を援助すること・他者の役に立つことで自らが力を得ることも述べてきた。他者の発達を促すという教育作用は、相対的に力のある者が力のない者を助ける中で、助ける側もまた力を得るという相互性があるし、また今は援助する側であっても、それは状況によって変わり、立場が逆転することが内包されているのである。

　子どもも大人も、日々学習し発達していく……。本書が、その過程を援助しようとしている人たちの一助になれば幸いである。基本路線は大きく変えることなく長い間教育心理学の講義をしてきたが、その間講義を受けて質問したり感想を言ったりしてくれた学生の方々、さまざまに引用させていただき、また考えるヒントを与えて下さった学徒の方々、そして本書の意義を認めて出版を引き受けて下さった新曜社塩浦暲氏に感謝いたします。

　　　　　　　　　　　　　　　　　　　　　　　　　　　山岸明子

文 献

1章

苅谷剛彦　階層化日本と教育危機－不平等再生産から意欲格差社会へ　有信堂高文社　2001.
苅谷剛彦　教育改革の幻想　ちくま新書　2002.
佐伯胖「わかり方」の探究 ― 思索と行動の原点　小学館　2004.
高橋勝　文化変容のなかの子ども ― 経験・他者・関係性　東信堂　2002.
中央教育審議会　新しい時代を拓く心を育てるために ― 次世代を育てる心を失う危機（中間報告）1998.
日本青少年研究所　ポケベル等通信媒体調査　1996.
日本青少年研究所　高校生の生活と意識に関する調査報告書〈日本・米国・中国・韓国の4ヶ国の比較〉2003.
日本青少年研究所　高校生の学習意識と日常生活調査報告〈日本・アメリカ・中国の3ヶ国の比較〉2004.
広田照幸　教育には何ができないか ― 教育神話の解体と再生の試み　春秋社　2003.
藤沢市教育文化センター　「学習意識調査」報告書　2001.
ベネッセ教育研究所　モノグラフ中学生の世界vol-53 ― 中学生は変わったのか　1996.
文部省生涯学習局青少年教育課　子どもの体験活動等に関する国際比較調査　1999.

2章

安藤寿康　心はどのように遺伝するか ― 双生児が語る新しい遺伝観　講談社　2000.
シング, J. A. L.　狼に育てられた子 ― カマラとアマラの養育日記　野生児の記録1　中野善達, 清水知子（訳）福村出版　1966 / 1977.
鈴木光太郎　オオカミ少女はいなかった－心理学の神話をめぐる冒険　新曜社　2008.
デニス, W.　子どもの知的発達と環境 ― クレーシュの子どもたち　三谷恵一（訳）福村出版　1973 / 1991.
ハーロウ, H. F. & メアーズ, C.　ヒューマン・モデル ― サルの学習と愛情　梶田正巳・酒井亮爾・中野靖彦（訳）黎明書房　1979 / 1985.
藤永保　幼児教育を考える　岩波新書　1990.
藤永保・斎賀久敬・春日喬・内田伸子　人間発達と初期環境　有斐閣　1987.
ベッテルハイム, B.　野生児と自閉症児－狼っ子たちを追って　野生児の記録6　中野善達（編訳）福村出版　1959 / 1978.
山岸明子　なぜDave Pelzerは立ち直ったのか ― 被虐待児の生育史の分析　医療看護研究, 4, 95-101, 2008.

Jensen, A. R. How much can we burst I.Q. and scholastic achievement. *Harvard Educational Review, 39*, 1-123, 1969.

3章
エリス, A. & ハーパー, R. A.　論理療法 — 自己説得のサイコセラピイ　国分康孝・伊藤順康（訳）川島書店　1975 / 1981.
金外淑　行動変化に役立つ心理学の基礎知識　看護学雑誌, 63-4, 342-347, 1999.
杉山尚子　行動分析学入門　集英社新書　2005.
長崎勤・古澤頼雄・藤田継道　臨床発達心理学概論 — 発達支援の理論と実際　ミネルヴァ書房　2002.
藤田継道　発達障害のための発達支援　2行動論的アプローチ　長崎勤・古澤頼雄・藤田継道　臨床発達心理学概論 — 発達支援の理論と実際　ミネルヴァ書房　2002.
ミルテンバーガー, L. G.　行動変容法入門　園山繁樹他（訳）二瓶社　2001 / 2006.
メドニック, S. A.　学習　八木冕（訳）岩波書店　1964 / 1966.

4章
新井邦二郎編　図でわかる学習と発達の心理学　福村出版　2000.
梶田正巳　学校環境と教育　三宅和夫ほか（編）波多野・依田　児童心理学ハンドブック　金子書房　889-913, 1983.
斎藤孝　子どもに伝えたい〈三つの力〉日本放送出版協会　2001.
佐伯胖・汐見稔幸・佐藤学（編）学校の再生をめざして　1学校を問う　東京大学出版会　1992.
佐藤学　教育改革をデザインする　岩波書店　1999.
田中博之　子どもの多様な実践技能を育てる　授業研究21, No.492, 明治図書　1999.
ハーロウ, H. F. & メアーズ, C.　ヒューマン・モデル—サルの学習と愛情　梶田正巳・酒井亮爾・中野靖彦（訳）黎明書房　1979/1985.
山岸明子　なぜ2人の少年は立ち直ったのか — 映画「学校Ⅱ」をめぐる教育心理学的考察　医療看護研究, 2-1, 130-135, 2006.

5章
稲垣佳世子・波多野誼余夫　学校化された学びのゆがみ　佐伯胖他（編）授業と学習の転換　岩波書店　1998.
北尾倫彦・速水敏彦　わかる授業の心理学　有斐閣　1986.
田島信元　発達の心理学（2）— 新しい発達の考え方　永野重史（編著）教育心理学 — 思想と研究　放送大学教育振興会　1997.
長崎勤　発達障害のための発達支援　1発達論的アプローチ　長崎勤・古澤頼雄・藤田継道編　臨床発達心理学概論 — 発達支援の理論と実際　ミネルヴァ書房　2002.
西林克彦　わかったつもり — 読解力がつかない本当の原因　光文社新書　2005.
波多野誼余夫（編）自己学習能力を育てる　東京大学出版会　1980.

本田由紀　多元化する「能力」と日本社会－ハイパー・メリトクラシー化のなかで　NTT出版　2005.

6章

相川充　人づきあいの技術 — 社会的スキルの心理学　サイエンス社　2000.
柏木恵子　こどもの発達・学習・社会化 — 発達心理学入門　有斐閣　1978.
佐藤正二・佐藤容子（編）　学校におけるSST実践ガイド　金剛出版　2006.
祐宗省三他（編）　社会的学習理論の新展開　金子書房　1985.
東京都生活文化局　青少年をとりまくメディア環境調査報告　2002.
中里至正　親子間の心理的距離の測定〈日本・アメリカ・トルコ〉「教育アンケート調査年鑑」編集委員会（編）　教育アンケート調査年鑑2003年版　下巻　創育社　2003.
中里至正・松井洋（編）　異質な日本の若者たち — 世界の中高生の思いやり意識　ブレーン出版　1997.
日本青少年研究所　徳性に関する調査　1991.
日本道徳性心理学研究会（編）　道徳性心理学 — 道徳教育のための心理学　北大路書房　1992.
Bandura, A. Influence of models' reinforcement contingencies on the acquisition of imitative responses. *Journal of Personality and Social Psychology, 1*, 589-595, 1965.
Parke, R. D. Rule, roles, and resistance to deviation: Recent advances in punishment, dicipline and self-control. In A. D. Pick（ed.）, *Minnesota Symposium on Child Psychology, 8*, 111-143, 1973.

7章

荒木紀幸（編著）　道徳教育はこうすればおもしろい — コールバーグ理論とその実践　北大路書房　1988.
カミイ, C. & デブリース, R.　ピアジェ理論と幼児教育　稲垣佳世子（訳）　チャイルド本社　1973 / 1980.
喜入克　高校が崩壊する　草思社　1999.
コールバーグ, L.　道徳性の形成 — 認知発達的アプローチ　永野重史（監訳）　新曜社　1969 / 1987.
首藤敏元　領域特殊理論 — テュリエル　日本道徳性心理学研究会（編）　道徳性心理学 — 道徳教育のための心理学　北大路書房　1992.
ホフマン, M. L.　共感と道徳性の発達心理学 — 思いやりと正義とのかかわりで　菊池章夫・二宮克美（訳）　川島書店　2000 / 2001.
三宅晶子　「心のノート」を考える　岩波ブックレット No.595　2003.
文部科学省　心のノート　暁教育図書　2002.
山岸明子　道徳性の発達を促す教育 —〈哲学者としての子ども〉と「よい子」の押しつけをめぐって　順天堂医療短期大学紀要, 7, 93-100, 1996.
山岸明子　小・中学生における対人交渉方略の発達及び適応感との関連 — 性差を中心に

教育心理学研究, 46, 163-172, 1998.
山岸明子　小学生における規則変更の手続きの理解 ― 22 年前との比較　順天堂医療短期大学紀要, 15, 10-20, 2004.
山岸明子　道徳性の発達に関する実証的・理論的研究　風間書房　1995.
山岸明子　児童期の連帯についての発達心理学的考察 ―「蠅の王」と「芽むしり、仔撃ち」をめぐって　順天堂大学スポーツ健康科学研究　11, 37-48, 2007.
渡辺弥生（編）　VLF による思いやり育成プログラム　図書文化社　2001.
Selman, R. L. & Yeates, K. O. Childhood social regulation of intimacy and autonomy: A developmental-constructionist perspective. In W. M. Kurtines & J. L. Gewirtz (eds.), *Moral development through social interaction*. New York: Wiley, 1987.

8 章

明橋大二（著）・太田和子（イラスト）　子育てハッピーアドバイス 2　1 万年堂出版　2006.
石川元（編）　現代のエスプリ 414　ADHD の臨床　至文堂　2002.
井上とも子　注意欠陥・多動性障害への教育的アプローチ　発達障害研究　21-3, 192-201, 1999.
浦野裕司　学校の荒れへの支援の在り方に関する事例研究 ― TT による指導体制とコンサルテーションによる教師と子どものこじれた関係の改善　教育心理学研究, 49-1, 112-122, 2001.
小林正幸　学級再生　講談社現代新書　2001.
近藤邦夫　学校臨床心理学の諸問題　安香宏他（編）　臨床心理学大系 20　子どもの心理臨床　金子書房　2000.
鳥越俊太郎・後藤和夫　検証・金属バット殺人事件 ― うちのお父さんは優しい　明窓出版　2000.
花熊暁　発達のつまずきと「キレる」　心理学ワールド 14　キレる　13-16, 2001.
文部科学省　幼稚園における道徳性の芽生えを培うための事例集　ひかりのくに　2001.
山岸明子　向社会性の発達を促す経験と教育 ― Child Development Project の理論と実践　順天堂医療短期大学紀要, 4, 70-79, 1993.

9 章

デシ, E. L.　内発的動機づけ ― 実験社会心理学的アプローチ　安藤延男・石田梅男（訳）誠信書房　1970 / 1980.
永野重史（編著）　教育心理学 ― 思想と研究　放送大学教育振興会　1997.
ハーロウ, H. F. & メアーズ, C.　ヒューマン・モデル ― サルの学習と愛情　梶田正巳・酒井亮爾・中野靖彦（訳）　黎明書房　1979 / 1985.
Dweck, C. S. & Elliott, E. S. Achievement motivation. In E. M. Hetherington (ed.), *Socialization, personality, and social development*. New York: Wiley, 1983.
Fantz, R. L. Pattern vision in new born infants. *Science, 140*, 296-297, 1963.

Heron, W. Cognitive and physiological effects of perceptual isolation. In P. Solomon et al. (eds.), *Sensory deprivation*. Harvard University Press, 1961.

10 章

苅谷剛彦　学力危機と教育改革　中央公論 8 月号，1999.
苅谷剛彦　階層化日本と教育危機 — 不平等再生産から意欲格差社会へ　有信堂高文社　2001.
セーブ・ザ・チルドレン・ジャパン　ニュースレター　World's children vol.39, 2007.
中井久夫　アリアドネからの糸　みすず書房　1997.
中里至正他　青少年の非行的態度に関する国際比較研究等　1993-1994.
中里至正・松井洋（編）　異質な日本の若者たち — 世界の中高生の思いやり意識　ブレーン出版　1997.
日本青少年研究所　高校生の意欲に関する調査報告〈日本・米国・中国・韓国の 4 ヶ国の比較〉2004.
ハイムラー, E.　自己治療としての心理療法 — 社会的機能測定表と新しい面接法　平井信義・宮副光子（訳）　新曜社　1975 / 1982.
ピーターソン, C. 他　学習性無力感 — パーソナル・コントロールの時代をひらく理論　津田彰（監訳）　二瓶社　1993 / 2000.
ベネッセ教育研究所　小学生ナウ　第 5 回国際教育シンポジウム報告書　別冊モノグラフ　1997.
宮本美沙子・奈須正裕（編）　達成動機の理論と展開　金子書房　1995.
文部科学省　家庭教育に関する国際比較調査　1993.
山岸明子　老人と少年の交流がもたらすもの — 2 つの小説をめぐる発達心理学的考察　医療看護研究 3, 102-108, 2007.
Dweck, C. S. The role of expectation and attributions in the alleviation of learned helplessness. *Journal of Personality and Social Psychology, 31*, 674-685, 1975.
Weiner, B. A theory of motivation for some classroom experiences. *Journal of Educational Psychology, 71*, 3-25, 1979.

11 章

岩男卓実　思考 — 知性のはたらき　鹿毛雅治（編）　教育心理学　朝倉書店　2006.
岡本真彦　メタ認知　森敏昭（編）　おもしろ思考のラボラトリー　北大路書房　2001.
坂野雄二　認知行動療法　日本評論社　1995.
多鹿秀継　教育心理学　サイエンス社　2001.
三宮真智子　思考におけるメタ認知と注意　市川伸一（編）認知心理学 4　思考　東京大学出版会　1996.
山岸明子　発達心理学から見た「海辺のカフカ」— なぜ主人公は危機を乗り越えることができたのか　医療看護研究 1, 8-15, 2005.
シャンク, D. H. & ジマーマン, B. J.　自己調整学習の実践　塚野州一（編訳）　北大路書房

1998 / 2007.

Palincsar, A. S., & Brown, A. L. Reciprocal teaching of comprehension-forstering and comprehension-monitoring activities. *Cognition and Instruction, 1*, 117-175, 1984.

索引

◆あ行

足場 83
　——はずし（フェイディング）85
遊び型非行 176
アハ体験 154
誤った一般化 50
アンダーマイニング効果 157
安定感 56, 57
「生きる力」 7, 86
板倉聖宣 63
遺伝 19
　——規定性 20
意図判断 106
異年齢の人との交流 182
意欲格差社会 8, 174
VLF 127
ヴィゴツキー, L. S. 81, 82
ウェンガー, E. 84
ADHD（注意欠陥多動性障害）142
エス 91
SR 理論 37
エディプス・コンプレックス 92, 93
応答的環境（応答性）32, 43, 55, 62
オーズベル, D. P. 77
大人主導 6, 12, 37, 68, 91, 99
大人の介入 15
オープン・スクール 65
オペラント条件づけ（道具的条件づけ）38, 102
オペラント療法 44
オルポート, G. W. 156

◆か行

外的強化 151, 157
可逆性 53
核家族化 15
学習課題の意識化 78, 192
学習性無力感 164
学習目標 159

学力低下論 8
隠れたカリキュラム 117
家系研究 19
過正当化効果 157
仮説実験授業 63, 156
課題分析 83
価値中立主義 117
学級崩壊 11
学校心理士 145, 146
学校知への批判 85
構え 79
カミイ, C. 109
苅谷剛彦 8, 174
感覚運動的知能 52
感覚遮断実験 152
環境閾値説 21
慣習 123, 126
完全学習 43
管理教育 9, 117
規範意識 123
　——の希薄化 11, 126
逆行型プログラム 48
教育
　——の基本的な2つの側面 4
　——万能主義 16
共感 129
均衡 52, 113
　——化 119, 120
　——化への志向 116, 117
近代型能力 87
具体的操作 53
形式的操作 53
系統的脱感作法 48
結果判断 106
ケーラー, W. 154
原因帰属 163, 179, 181
言語化 143, 144
向社会的行動 97
公正な共同体 118, 120, 121

209

行動形成（シェイピング）　40
行動主義　37-50
行動随伴性　38
行動療法　44-49
高度情報化社会　17
校内暴力　9
効力感（自己効力感）　161-187
刻印づけ（刷り込み）　22
心のノート　11, 117, 118, 126
個人内評価　179
コーチング　85
古典的条件づけ（レスポンデント条件づけ）　38
子ども同士の相互作用　109, 119, 155
コマ　162
コールバーグ，L.　105, 111, 113, 114, 116-122
　――の道徳観　111

◆さ行――――――――――

罪悪感　91
再条件づけ　44
佐伯胖　4
指し手　162
CAI　42, 43
シェマ　52
ジェンセン，A. R.　21
自我　91
　――防衛機制　92
子宮外の胎児期　24
刺激が剥奪された環境　32
自己学習能力　18, 189
自己確認型の犯行（非行）　175, 176
自己教育力　13, 189
自己強化　48, 190
自己原因性　162, 174, 175, 182
自己肯定感　142, 176, 182
自己制御　98
　――（調整）学習　189, 190
自己中心性　108, 116
自己統制（自己コントロール）　94, 97, 138, 140
自己評価　168, 193
自主性　5, 12, 68, 70, 175
施設児　31, 56
施設病（ホスピタリズム）　31

自然経験　14
自尊感情　168
自他の視点の分化　108, 129
視点取得（役割取得）　113, 127
　――の拡大　118
社会化　3, 4, 91
社会的学習理論　94-98
社会的隔離児　29
社会的情報処理理論　98
社会的スキル訓練（SST）　45, 102, 103
社会的知識　123, 124
社会的同化作用　4
社会的認知学習理論　95
習得　97
状況的認知理論　73, 80
条件づけ　38, 94
　――られた不安　94
小ステップ　41, 43, 45, 48
情動の知能　87
情報の精緻化　78
初期経験　22-24, 33
自律性　140, 173, 182
自律的道徳性　106
新学力観　7, 171
新奇な情報　155
遂行　97
スキナー，B. F.　38-42
スキーマ　74-76, 78, 79
刷り込み（刻印づけ）　22
生活科　14
精神間機能　81
精神内機能　81
精神分析理論　91-94
成績目標　159
正統的周辺参加　84
生徒指導　9, 89
生理的早産　24
説明オルグ　77
セリグマン，M.　164
セルフ・モニタリング　45, 193
セルマン，R.　122, 126
先行オーガナイザー（先行オルグ）　77
前操作的知能　53
総合的学習　7, 66, 85
相互教授法　197

相互作用説　21
相互性による罰　110
双生児法　20
相対評価　68, 166, 179

◆た行
対人交渉方略　126
体罰　9, 100
代理強化　97
脱中心化　109
他律的道徳性　106
探索　67, 152
　──動機　153
地域共同体（地域社会）　15, 65, 85
父親への同一化　93
父なき社会　93
知的好奇心　152
チーム・ティーチング　145, 147
注意欠陥多動性障害（ADHD）　142
注入教育　117
超自我　91-93
調節　52
罪滅ぼし的罰　110
デシ, E. L.　157
デニス, W.　31
デブリース, R.　109
テュリエル, E.　122, 123
デュルケム, E.　105
ドゥエック, C. S.　159, 165, 181
同化　52
道具的条件づけ（オペラント条件づけ）　38
洞察　154
統制可能性　163
到達している現在の水準　82
到達度評価　179
道徳性の発達段階　106, 113-116
道徳的実在論　108
道徳的討論プログラム　118-120, 156
道徳的認知　105, 113
ドシャーム, 162
ドッジ, K. A.　98
徒弟制　84

◆な行
内発的動機づけ　56, 151, 157

内面化　55, 92, 94, 100
日本の道徳教育　99, 129
認知行動療法　45, 193
認知心理学　73
認知的葛藤　118, 155
認知的強化　156, 158, 191
能動的な学び　13, 59, 61

◆は行
発見学習　60
発達
　──しつつある水準　82
　──遅滞　28, 32
　──の可塑性　24, 26, 30, 33
　──の最近接領域　82
パーフェクト・チャイルド　16
パブロフ, I. P.　38
ハーロウ, H. F.　26, 156
般化　37, 102
バンデューラ, A.　96-98, 161, 190
ピアジェ, J.　51-55, 60, 68, 81, 105-109, 111
比較オルグ　77
被虐待児　30
非行（少年非行）　11, 175
PISA　7, 169
非理性的信念　50
フィードバック　42, 51, 102
フェイディング（足場はずし）　85
フェードアウト　46
ブルーナー, J.　62
ブルーム, B.　43
フレネ学校　58, 60
フロイト, S.　91-93
プログラム学習　41-43
プロンプト　46
分化　37
文化獲得　81
文化的共同体の実践活動　81
分散認知　80
偏差値　166, 167, 171
ポスト近代型能力　87
ホスピタリズム（施設病）　31
母性剥奪　31
保存　53
ポートフォリオ　86

ホフマン, M. 122, 129
ポルトマン, A. 24
ボールビィ, J. 57
ホワイト, R.W. 162

◆ま行
学び合う共同体 85-87
無気力 165
無条件の受容・肯定 186, 188
無力感 162, 177-187
メタ認知 189, 191
　――的活動 192
　――的知識 191
モデリング（観察学習） 58, 59, 85, 96, 102

◆や行
役割取得（視点取得） 113
野生児 23, 26
有意味受容学習 77

有能感 140, 161, 162
豊かな環境 55
ゆとり教育 7, 171, 172
養子研究 20

◆ら行
リハーサル 102
良心 92, 94
臨界期 22, 26
レイヴ, J. 84
レスポンデント条件づけ（古典的条件づけ）
　38, 48
レッパー, M.R. 157
レディネス待ち 83
ローレンツ, K. 22
論理療法 49

◆わ行
ワトソン, J. 38

著者紹介

山岸明子　[ヤマギシ　アキコ]

東京生まれ。1971年 東京大学教育学部教育心理学科卒業。東京大学大学院教育学研究科博士課程単位取得退学。教育学博士（東京大学）。現在順天堂大学スポーツ健康科学部教授（発達心理学、教育心理学専攻）。主著『道徳性の発達に関する実証的・理論的研究』（風間書房）、『道徳性の芽生え』（チャイルド本社）、『対人的枠組みと過去から現在の経験のとらえ方に関する研究』（風間書房）等。

発達をうながす教育心理学
大人はどうかかわったらいいのか

初版第1刷発行　2009年6月20日©
初版第2刷発行　2010年12月10日

著　者　山岸明子
発行者　塩浦　暲
発行所　株式会社 新曜社
　　　　〒101-0051　東京都千代田区神田神保町2-10
　　　　電話(03)3264-4973・Fax(03)3239-2958
　　　　e-mail info@shin-yo-sha.co.jp
　　　　URL http://www.shin-yo-sha.co.jp/

印刷　銀河　　　　　　　　　　　　Printed in Japan
製本　イマヰ製本所
ISBN978-4-7885-1167-5 C1011

―― 新曜社の関連書 ――

キーワードコレクション
教育心理学　　二宮克美・子安増生編　　A5判248頁　2400円

オオカミ少女はいなかった　　鈴木光太郎　　四六判272頁　2600円
心理学の神話をめぐる冒険

親になれない親たち　　斎藤嘉孝　　四六判208頁　1900円
子ども時代の原体験と、親発達の準備教育

家族というストレス　　岡堂哲雄　　四六判248頁　1900円
家族心理士のすすめ

親と子の発達心理学　　岡本依子・菅野幸恵編　　A5判272頁　2600円
縦断研究法のエッセンス

子育て支援に活きる心理学　　繁多進編　　A5判216頁　2400円
実践のための基礎知識

子どもの養育に心理学がいえること　　H.R.シャファー　無藤隆・佐藤恵理子訳　　A5判312頁　2800円
発達と家族環境

まなざしの誕生　新装版　　下條信輔　　四六判380頁　2200円
赤ちゃん学革命

子どもの認知発達　　U.ゴスワミ　岩男卓実ほか訳　　A5判408頁　3600円

身体から発達を問う　　根ヶ山光一・川野健治編著　　四六判264頁　2400円
衣食住のなかのからだとこころ

学力低下をどう克服するか　　吉田甫　　四六判266頁　2200円
子どもの目線から考える

（表示価格はすべて税別です。）